ÁNGELES GARCÍA

Das Fischorakel

Über die Autorin:
Ángeles García, geboren 1971 in Barcelona, arbeitet als Personalmanagerin. Da sie von Natur aus neugierig ist, liebt sie den Umgang mit und das Beobachten von anderen Menschen. Diese Vorliebe und ihre Erfahrung im Personalwesen haben ihr geholfen, nach über zehnjährigem Single-Dasein ihr Herz erneut zu öffnen. In ihren Roman DAS FISCHORAKEL ist alles eingeflossen, was sie über die Menschen gelernt hat.

ÁNGELES GARCÍA

DAS FISCHORAKEL

EIN ROMAN ÜBER DAS SUCHEN UND FINDEN DER LIEBE

Übersetzung aus dem Spanischen
von Kirsten Brandt

LÜBBE

Dieser Titel ist auch als E-Book erschienen.

Titel der spanischen Originalausgabe: »El oráculo de los peces«
Originalverlag: Ediciones Martínez Roca, ein Imprint von
Ediciones Planeta Madrid, S. A.

Umschlaggestaltung: Kirstin Osenau
Umschlagmotiv: © shutterstock/vso;
© shutterstock/johnny-ka
Satz: Greiner & Reichel, Köln
Gesetzt aus der Weiss
Druck und Einband: GGP Media GmbH, Pößneck

Printed in Germany
ISBN 978-3-431-03903-0

2 4 5 3 1

Sie finden uns im Internet unter: www.luebbe.de
Bitte beachten Sie auch: www.lesejury.de

INHALT

Jeder Mensch findet Shambala,
wo der Himmel die Erde küsst,
nur ein einziges Mal im Leben.
Und sieht er dann seine Türen offen stehen
und geht vorüber und denkt: »Ein anderes Mal«,
so wird er den Eingang niemals wiederfinden.
Denn Shambala ruht auf dem Gipfel des Augenblicks,
und nur, wer den Mut hat, im Hier und Jetzt zu leben,
ist seiner Reichtümer würdig.

Tibetanische Weisheit

Für alle Menschen, die die Liebe
mit dem Kompass ihres Herzens suchen.

♥ 1 ♥

DER PASEO DE LOS TRISTES

Alexis saß auf dem Balkon des Hotelzimmers und zog ihre Lippen nach, während sie auf ihre Chefin wartete. Die drückende Hitze, unter der Granada litt, hatte kaum nachgelassen. Sie hatte den Nachmittag im klimatisierten Zimmer verbracht und war nur ab und zu auf den Balkon getreten, um einen Blick auf den Paseo de los Tristes zu werfen.

Als sie erfahren hatte, wie der Platz genannt wurde, den sie vom Zimmer ihres Boutique-Hotels aus sehen konnte – »Allee der Traurigen« –, war sie entzückt gewesen. An diesem Freitag Ende August war er von händchenhaltenden Liebespaaren bevölkert, die alles andere als traurig wirkten.

Auf sie hingegen traf die Bezeichnung durchaus zu. Obwohl sie es mit nur sechsunddreißig Jahren zur Kreativdirektorin eines exklusiven Modehauses gebracht hatte, gab es niemanden, mit dem sie ihre Erfolge hätte feiern können. Zwar war auf ihre Freundinnen Carmen und Esther stets Verlass, doch die beiden hatten Familie, und so sahen sie sich nur selten.

Alexis hatte keinerlei familiäre Verpflichtungen. Ihre Eltern lebten noch, und sie hatte zwei Schwestern und drei Nichten und Neffen, aber wenn sie abends nach Hause kam, wurde ihr jedes Mal bewusst, dass sie ganz auf sich allein gestellt war.

»Ich sollte stolz darauf sein, es in meinem Alter so weit gebracht zu haben«, sagte sie sich, während ihr Blick den Wegen folgte, die vom Paseo hinauf zur Alhambra führten. Die übrigen Modedesignerinnen hassten sie dafür – sie konnten es nicht ertragen, dass ihre Chefin Madeleine sie zu ihrer Nachfolgerin erkoren hatte –, aber schließlich konnte sie nichts dafür, dass sie so unglaublich effizient war.

»Dir fliegt einfach alles zu«, sagte ihr die Besitzerin des Modetempels häufig. »Man legt dir eine Skizze vor, und du machst daraus eine ganze Kollektion.«

Beim Gedanken an diese Worte sah Alexis auf ihre zierliche Armbanduhr. Viertel vor acht. In weniger als zwei Stunden sollte die Pressevorführung der Herbstkollektion beginnen, und ihre Chefin war immer noch nicht da. Die *alte Dame der neuen*

Mode, wie die Fachzeitschriften sie gerne nannten, würde genau die richtigen Worte finden, um die Kritiker für die Wogen von Orange- und Losttönen zu begeistern.

Obwohl Alexis an den Kreationen des Modehauses entscheidenden Anteil hatte, beschränkte sich ihre Rolle bei den Präsentationen darauf, Madeleine beizustehen. Manchmal wurde diese nämlich etwas nervös, und dann beruhigte es sie, ihre treueste Mitarbeiterin an ihrer Seite zu wissen.

Während Alexis all das durch den Kopf ging, klingelte ihr Handy, und sie sah auf dem Display den Namen der Frau, der sie ihre steile Karriere verdankte.

Dass sie anrief, war völlig normal – wahrscheinlich wollte sie Alexis einfach nur sagen, dass es etwas später würde –, denn die beiden waren ständig miteinander in Kontakt. Aber aus irgendeinem unerfindlichen Grund wusste Alexis plötzlich, dass etwas anders war als sonst. Vielleicht ließ die drückende Hitze sie Gespenster sehen. Wie auch immer: Als sie den Anruf annahm, fühlte sie, dass dieses Gespräch Folgen haben würde, wenn sie auch noch nicht wusste, welche.

»Alexis, ich brauche deine Hilfe«, rief die alte Dame nervös ins Telefon.

»Natürlich, Madeleine.« Ihre Chefin wollte, dass sie sie duzte. »Wenn du spät dran bist, können wir uns direkt im Showroom treffen. Ich habe hier die Liste der Journalisten und wichtigen Leute vor Ort. Wenn du willst ...«

»Es tut mir leid, aber daraus wird nichts. Ich bin noch in Barcelona. Der Flieger um achtzehn Uhr vierzig ist ohne mich gestartet. Ich habe einen Hexenschuss und kann mich nicht rühren. Die Präsentation wird ohne mich stattfinden müssen.«

»Soll ich sie verschieben? Ich weiß, das ist teuer, aber alle werden wollen, dass ...«

»Kommt nicht in Frage! Das wäre ein Zeichen von Schwäche. Die großen Marken wollen mich sowieso aus dem Geschäft drängen, und es darf auf keinen Fall so aussehen, als sei ich nicht hundertprozentig fit.«

»Was sollen wir also tun?«

»Ich habe beschlossen, dass du an meiner Stelle die Herbstkollektion vorstellen musst. Heute Abend wirst du der Guru der neuen Mode sein und im Rampenlicht stehen. Halt die Ohren steif, Mädchen. Den Chauffeur, der mich fahren sollte, habe ich angewiesen, dich in einer Stunde im Hotel abzuholen.«

2

DIE TRAUMSTRASSE

Ein glänzender Buick LaCrosse wartete vor dem kleinen Hotel, als Alexis hinaustrat, fest entschlossen, die Herausforderung zu meistern, die ihr so unerwartet zugefallen war.

Sie war es gewohnt, mit einer Vielzahl von Mitarbeitern zu sprechen, und hatte sogar schon Interviews für Fachzeitschriften gegeben, aber eine so glamouröse Veranstaltung zu leiten, auf der sich unzählige Menschen tummeln würden, die nur darauf warteten, sich das Maul über sie zu zerreißen, machte ihr Angst. Mehr als das: Es erfüllte sie mit Panik.

Während sie auf dem Rücksitz der granatroten Luxuslimousine Platz nahm, war sie umso erleichterter, für diese Reise ein schlichtes, unauffälliges und zugleich elegantes Outfit gewählt zu haben: italienische Sandaletten, Ton in Ton mit der cremefarbenen Leinenhose. Eine luftige und leicht durchscheinende dunkelgraue Bluse rundete ihre bewusst lässige Erscheinung ab – genau das Richtige, um die Offensive des Modeherbstes zu leiten.

Madeleine höchstpersönlich hatte sie gelehrt, wie wichtig es war, bei Großereignissen dieser Art praktisch unsichtbar zu sein.

»Nichts darf die Blicke von unseren Models ablenken«, hatte sie gesagt. »Solange die anderen die unerreichbaren Gestalten hassen, die über den Laufsteg flanieren, sind wir vor ihrem bösen Blick geschützt.«

Alexis war so in ihre Gedanken versunken, dass ihr erst jetzt zweierlei auffiel.

Erstens wurde sie von einer Frau chauffiert. Warum auch nicht?, dachte sie, ein wenig beschämt über ihre eigene Verwunderung. Aber in Granada hatte sie den typischen Chauffeur erwartet: einen Mann mittleren Alters in tadelloser Uniform.

Überdies war die Fahrerin erstaunlich jung. Obwohl es inzwischen dämmerte, schätzte Alexis die attraktive Brünette, die ihr Haar zu einem Pferdeschwanz zusammengebunden trug, auf nicht älter als fünfundzwanzig. Ein ungewöhnliches Alter für eine Fahrerin von Luxuskarossen. Auch das Kleid von Bershka, das sie trug, war nicht gerade die passende Livree, um die *Grande Dame* der Mode zur Weltpremiere ihrer neuen Kollektion zu kutschieren.

Das Zweite, was Alexis auffiel, war, dass sie die Stadt verließen. Dabei hatte man ihnen versichert, der Renaissancepalast, den sie für eine horrende Summe gemietet hatten, läge »keine fünf Minuten« von der Kathedrale von Granada entfernt.

Da konnte wohl jemand nicht bis fünf zählen, dachte Alexis, während der Buick eine Ausfallstraße entlangfuhr.

Zu allem Überfluss funktionierte die Klimaanlage nicht richtig. Die Luft um die unfreiwillige Königin der neuen Mode wurde heiß und stickig. Als sie ihre unkonventionelle Fahrerin darauf ansprach, entgegnete diese freundlich: »Ich stelle die Anlage gleich stärker.« Sie tippte rasch auf eine Anzeige und fügte hinzu: »Entschuldigen Sie bitte, ich war den ganzen Morgen mit einem Kunden unterwegs, den es leicht fröstelt und der mich gebeten hat, die Klimaanlage so niedrig wie möglich zu stellen.«

Alexis nickte bloß, während die Klimaanlage zu rauschen begann. Die Fahrerin fuhr fort: »Vor Ihnen ist ein Kühlschrank. Wenn Sie sich erfrischen wollen, bedienen Sie sich.«

Mehr aus Neugier drückte Alexis einen Knopf an der Rückenlehne des Vordersitzes, der mehr in sich zu haben schien, als sie vermutet hatte. Tatsächlich schwang geräuschlos eine Kühlschranktür auf und gab den Blick auf eine erleuchtete Minibar frei.

Ein kläglicher Anblick, denn in der Bar befanden sich nichts weiter als eine Flasche Aquarius und ein Glas. Obwohl Alexis eigentlich keine isotonischen Getränke mochte, war ihr so heiß, dass sie das Glas füllte und in zwei Schlucken leer trank.

Sogleich fühlte sie sich besser, allerdings fragte sie sich immer noch, warum sie die Stadt verlassen hatten. Sie kamen an einem Straßenschild vorbei, auf dem »Fuentevaqueros« angeschrieben war, der Geburtsort Federico García Lorcas.

»Darf man fragen, wohin wir fahren?«, fragte sie scharf.

In zwanzig Minuten würden die Journalisten eintreffen, und die Straße, die sie entlangfuhren, sah ganz und gar nicht danach aus, als würde sie zu einem Palast oder Ähnlichem führen.

»Ich weiß nicht, wie der Ort heißt«, erwiderte die Fahrerin ruhig. »Man hat mir nur erklärt, wie ich hinkomme. Aber es ist noch weit, mindestens eine Stunde.«

»Was?«, rief Alexis erschrocken. Sie fühlte, wie ihr der kalte Schweiß ausbrach. »Das muss ein Irrtum sein … Bitte fahren Sie doch langsamer. Mir wird schwindelig.«

3

DIE HÜTTE

Das gleißende Licht, das durch eine kleine steinerne Fensteröffnung fiel, weckte Alexis. Sie war völlig verwirrt. Wo zum Teufel war sie gelandet?

Es fiel ihr schwer, die Augen offen zu halten, doch sie sah, dass das Bett, auf dem sie geschlafen hatte, an einer gewölbten Wand stand. Sie befand sich in einer dieser runden Hütten, in denen die Schäfer Zuflucht vor Unwettern suchten. Der ganze Raum maß vermutlich nicht mehr als zehn Quadratmeter. Abgesehen von der harten Pritsche gab es einen Gasofen und ein Waschbassin mit Wasserhahn. Ein Tisch, fast so klein wie ein Kindertischchen, und ein Stuhl mit einer Sitzfläche aus Schilfrohr vervollständigten die Einrichtung der Zelle.

»Eine Zelle, ich bin in einer Zelle«, dachte sie erschrocken und versuchte abzuschätzen, ob es ihr wohl gelingen würde, sich durch das winzige Fenster zu zwängen.

Ihr Blick fiel auf die geschlossene Tür.

»Ich bin entführt worden.« Sie spürte einen Kloß im Hals. »Und noch dazu haben sie die Falsche erwischt.«

Durch ihre Benommenheit hindurch kehrte allmählich die Erinnerung zurück, und Alexis wurde einiges klar. Der Buick, in den sie vor dem Hotel in Granada gestiegen war, hatte in Wirklichkeit auf ihre Chefin gewartet, deren teils ererbtes, teils erarbeitetes Vermögen sie zu einer der reichsten Frauen Frankreichs machte.

Die Fahrerin war zu jung und unerfahren gewesen, um zu bemerken, dass sie die falsche Gefangene zum Kerker chauffierte. Bestimmt hatte der Drahtzieher der Entführung – wenn es denn nur einer war – den Irrtum bemerkt, sobald er sie gesehen hatte.

»Und jetzt?«, fragte sich Alexis, während sie sich mühsam aufrichtete. Nachdem sie sich wieder an den granatfarbenen Buick und die zu salopp gekleidete Fahrerin erinnert hatte, fiel ihr nun auch die unerträgliche Hitze im Inneren des Wagens ein und wie sie sich hatte überreden lassen, etwas zu trinken.

Wie hatte sie nur so naiv sein können! Sie selbst hatte sich das Betäubungsmittel verabreicht, das sie in diese Zelle gebracht hatte.

»Was passiert mit jemandem, der aus Versehen

entführt wird?«, fragte sie sich ängstlich, während sie durch das enge Fenster – das eher ein rechteckiges Loch war – auf die Hochgebirgslandschaft hinaussah.

Alexis war nicht unvermögend, konnte aber sicherlich nicht das Lösegeld aufbringen, das jemand zweifellos verlangen würde, der sie in einem Luxuswagen mit Chauffeur hatte entführen lassen.

»Vielleicht kann Madeleine ... «, murmelte sie hoffnungsvoll, während sie zum Waschbecken ging, um nachzusehen, ob es fließendes Wasser gab.

Und während eiskaltes Wasser in einem ununterbrochenen Rinnsal in das marmorne Becken lief, rollten ihr zwei Tränen über die Wangen.

Bestimmt wird Madeleine die Polizei verständigen, sagte sie sich. Sie wird niemals zahlen.

Wieder hob sie ihr Gesicht zum Fenster und tastete gleichzeitig die Wände ab, um sie auf ihre Dicke und Stabilität zu untersuchen.

Sofort wurde ihr klar, dass die Steine so massiv waren, dass sie eine Hacke oder zumindest einen Hammer benötigen würde, um die Fensteröffnung zu vergrößern. In der Hütte waren aber außer dem spärlichen Mobiliar nur zwei zusammengefaltete Decken und eine Teekanne.

Als sie die einzige Schublade unter dem Waschbecken öffnete, stellte sie überrascht fest, dass darin ein Löffel, eine Gabel und ein Messer lagen. Sie nahm das Messer und versuchte, eine Seitenwand des Fensters einzuritzen, doch der Stein hielt dem bescheidenen Werkzeug mühelos stand. Der Versuch ruinierte nur das Messer und mit ihm ihre Hoffnung auf Flucht.

Also nahm sie die schlichte hölzerne Tür in Augenschein. Sie schien sehr massiv zu sein, aber mit ein wenig Ausdauer würde sie mit dem Messer hier sehr wohl etwas ausrichten können. Die Frage war bloß, ob der Bewacher, der sicherlich auf der anderen Seite der Tür postiert war, das zulassen würde.

Je eher sie erfuhr, in wessen Händen ihr Leben lag, desto besser, beschloss sie und ging auf die Tür zu.

»Wer ist da?«, rief sie laut, damit der Wächter sie hören konnte.

Niemand antwortete.

Alexis' Augen suchten nach einem Schloss in der Holztür, aber da war nichts. Nur ein Riegel auf der Innenseite und die Türklinke. Wahrscheinlich war die Tür von außen blockiert, dachte sie.

Vor Anspannung schwach, hängte sie sich mit ihrem ganzen Gewicht an die Türklinke. Knarrend gab die Tür nach und schwang zu Alexis' Überraschung auf.

Draußen war niemand.

4
DER STUPA

Noch verwirrter als in dem Augenblick, in dem sie in der steinernen Schutzhütte erwacht war, wagte sich Alexis hinaus in das blendende Licht.

Sie ging einmal um die schlichte Unterkunft herum, ohne auch nur eine Spur ihrer Entführer zu entdecken. Um sie herum war nichts als eine einsame Landschaft unüberwindlicher Schluchten und himmelhoher Berge wie der, auf dem die Hütte mitten im Nichts stand.

»Wo bin ich, verdammt noch mal?«, hätte sie am liebsten geschrien. »Warum ist hier niemand?«

Fast hätte sie es vorgezogen, ihren Entführern gegenüberzustehen, zu erfahren, was sie mit ihr vorhatten, mit ihnen darüber zu verhandeln, was sie tun musste, damit sie sie gesund und unversehrt in die Zivilisation zurückkehren ließen. Alles wäre ihr in diesen angstvollen Minuten lieber gewesen, als hier mutterseelenallein mitten in den Bergen zu stehen.

Wenn ihr jemand gesagt hätte, dass sie sich in einem entlegenen Winkel des Himalaya oder der Anden befand, hätte sie es geglaubt.

Andererseits: Auf den Gipfeln lag kaum Schnee. Der Boden war überwiegend orange und ockerfarben wie die Kollektion, die sie hätte präsentieren sollen, wäre sie nicht Opfer dieser gespenstischen Entführung geworden.

Gespenstisch – das war das richtige Wort. Wie konnte es sein, dass, nachdem man sie im Buick betäubt und hierher verschleppt hatte, niemand da war, um sie zu bewachen?

Während ihr alle diese Fragen durch den Kopf gingen, folgte sie einem Pfad, der von der Hütte aus bergan zum Gipfel des Berges führte. Irgendwo musste doch die Straße zu finden sein, über die sie gekommen waren. Und der granatfarbene Buick musste auch irgendwo stehen.

Doch gleich darauf verwarf sie diesen Gedanken wieder. Diese Luxuskarosse war alles andere als unauffällig. Wahrscheinlich war die junge Frau mit dem Pferdeschwanz umgekehrt, sobald sie sie in dieser Einöde abgesetzt hatte. Einer Gegend, die offenbar so abgelegen und unerreichbar war, dass man sie nicht einmal bewachen musste.

Sie war zu weit weg von der Zivilisation, um irgendwohin fliehen zu können, dachte sie bestürzt.

Von der Spitze des Berges, der inmitten einer endlosen Gebirgskette lag, schlängelte sich ein Weg zu einer weißen Kuppel hinab, die von einer goldenen Spitze gekrönt war.

»Ein Stupa«, dachte sie verblüfft, als sie einen buddhistischen Sakralbau erkannte, wie sie ihn schon in Dokumentarfilmen gesehen hatte. Diese Stupas enthielten normalerweise Reliquien von Lamas oder sogar Gegenstände, die angeblich Buddha selbst gehört hatten.

Allerdings konnte sie nicht in Nepal oder Tibet sein – es sei denn, der Buick hätte eine Reise durch Raum und Zeit unternommen. Außerdem war es, soviel sie wusste, in diesen Ländern kalt. Aber hier strahlte die Sonne so kräftig vom wolkenlosen Himmel, wie sie es aus Südspanien kannte, auch wenn eine angenehm kühle Brise ihre Haut liebkoste.

Immer verwirrter stieg sie vorsichtig den Pfad hinab, während sie versuchte, sich ein klares Bild ihrer Lage zu verschaffen. Sie hatte in ihren Kleidern geschlafen; ihre Sandaletten hatte sie vor dem Bett gefunden. Ihre Handtasche allerdings war verschwunden und mit ihr das Handy, mit dem sie hätte Hilfe rufen können.

Abgesehen davon gab es eine Hütte, die niemand zu bewachen schien, einen Pfad und einen an Tibet erinnernden Stupa.

Sie hatte nicht die leiseste Ahnung, wo sie war, aber irgendwo musste sie ja anfangen, und so machte sie sich daran, die Gegend zu erkunden.

Alexis ging ein paar Mal um den Stupa herum, in dem hinter einer Glasscheibe eine sorgsam in eine orangefarbene Tunika gekleidete Buddhastatue saß.

Diese Farbe schien sie zu verfolgen. Allmählich fragte sie sich, ob sie nicht vielleicht mit dem Auto tödlich verunglückt war und nun in einer Art Zwischenwelt festsaß – ihr Karma, weil sie für die Herbstkollektion eine Farbe gewählt hatte, die den Erleuchteten vorbehalten war.

Gefangen in der feierlichen Stille der Berge betrachtete sie eine Zeitlang das makellose Weiß des Stupas, der regelmäßig gekalkt zu werden schien.

Als sie sich umdrehte, um zu entscheiden, was als Nächstes zu tun war, schrak sie zusammen: Vor ihr stand ein Mann, der sie finster musterte.

5
DER EINSIEDLER

Der Mann war kräftig und schätzungsweise einen Meter neunzig groß und sah sie aus hellblauen Augen durchdringend an. Er trug ein kariertes Flanellhemd, und sein goldblonder Bart und eine Wollkappe ließen ihn älter scheinen, obwohl er vermutlich erst Mitte vierzig war.

Obwohl sie keine Chance gegen ihn hatte – sie war auch keine besonders schnelle Läuferin –, beschloss Alexis, sich von Anfang an stark zu zeigen. Um sich ihre Angst nicht anmerken zu lassen, blaffte sie ihn an: »Vergewaltigst du deine weiblichen Gefangenen?«

Der Mann antwortete nicht, schloss nur halb die Augen und lächelte, sodass sein makelloses Gebiss zu sehen war.

»Fesselst du mich jetzt mit Handschellen ans Bett, damit ich nicht wieder ausbreche?«, fragte sie weiter, während sie seinem Blick standhielt.

»Das Bett«, fragte er mit tiefer, ruhiger Stimme zurück, »welches Bett?«

Zum ersten Mal kam Alexis in den Sinn, dass der Typ, der aussah wie ein Eremit, mit ihrer Entführung vielleicht gar nichts zu tun hatte. Was, wenn er nur eine weitere arme Seele war, gefangen in dieser Zwischenwelt wie sie? Um ihre Zweifel zu zerstreuen, fuhr sie im selben bissigen Tonfall fort:

»Wenn du nicht die Absicht hast, mich zu vergewaltigen, und niemand dich beauftragt hat, mich gefangen zu halten ... was verdammt noch mal hast du dann hier verloren? Hier gibt es nichts!«

»Was soll das heißen: nichts?«, wiederholte er überrascht. »Es gibt einen Stupa.«

Alexis trat einen Schritt auf ihn zu und sah ihn herausfordernd an, obwohl sie einen Kopf kleiner war als er.

»Machst du dich über mich lustig? Was soll das?«

»Ich sage bloß, was es hier gibt. Einen Stupa. Nicht mehr und nicht weniger. Im Stupa befindet sich eine Buddhafigur. Außerhalb des Stupas gibt es dich und mich. Na ja ... und *sie* natürlich.«

»Sie?« Alexis schrie das Wort fast heraus und drehte sich einmal um die eigene Achse. »Wer sind sie? Ich sehe niemanden!«

Der Einsiedler lächelte sie freundlich an und sagte: »Die Fische.«

Diese Antwort machte Alexis zwei Dinge klar. Erstens, dass dieser seltsame Heilige nicht ihr Entführer sein konnte. Ihm fehlte es eindeutig an der nötigen Intelligenz für eine solche Aktion. Und zweitens, dass der Typ völlig durchgeknallt war.

»Du kannst sie nicht sehen, aber sie sind da«, fuhr er fort und senkte die Stimme, als fürchtete er, die Fische könnten sie hören. »Diese Fische wissen ganz genau, was sie tun, das kannst du mir glauben.«

Plötzlich tat Alexis dieser Koloss leid, der wie ein kleines Kind redete. Sie beschloss, ihm gegenüber einen freundlicheren Tonfall anzuschlagen.

»Seit wann gibt es in den Bergen Fische?«

Der Einsiedler sah sie verdutzt an, als hätte er diese Frage nicht erwartet. Dann antwortete er:

»Das weiß niemand. Fische leben nach unseren Maßstäben nicht besonders lang. Aber das ist egal: Einige sterben, andere ersetzen sie. Was zählt, ist, dass sie immer da sind. Deswegen bist du doch gekommen, oder?«

»Ich verstehe kein Wort von dem, was du sagst, mein Freund. Du glaubst, ich wäre gekommen, um hier im Gebirge nach Fischen zu suchen?«

»Alle führt die Suche nach den Fischen hierher. Dich auch.«

Er ist wirklich komplett verrückt, dachte Alexis. Besser, man provoziert ihn nicht, sondern sagt, was er hören will.

»Du hast Recht, deshalb bin ich auch hier. Wo kann ich diese Fische denn finden?«

Der bärtige Mann seufzte zufrieden, dann sagte er: »Komm mit mir, aber du darfst es niemandem erzählen. Versprochen?«

»Hoch und heilig«, sagte sie und hob die Hand zum Schwur.

»Der Weg führt sehr steil bergauf«, warnte er sie und zeigte dabei auf einen nahen Felsblock. »Ich weiß nicht, ob du mit diesen Absätzen da rauf kommst. Wenn du willst, kann ich dich tragen. Ich bin stark.«

»Danke, nicht nötig.«

6

DER TEICH DER WEISEN FISCHE

Es stimmte: Der Weg – wenn man ihn denn so nennen konnte –, der um den Felsblock herumführte, war eher für Ziegen geeignet als für eine Großstädterin in Sandaletten. Trotzdem beschloss Alexis in einem Anflug von Stolz, es allein zu schaffen, auch wenn sie sich zweimal am Hemd ihres Führers festhalten musste, um nicht in die Tiefe zu stürzen.

»Was für ein Glück, dass Flanell nicht so leicht reißt«, ächzte sie, während sie sich zum zigsten Mal fragte, warum sie sich bloß auf diese Bergtour eingelassen hatte. »Ist es noch weit bis zum Gipfel?«

»Wir gehen nicht bis zum Gipfel.«

»Ach ja, die Fische …«, scherzte sie, während ihre Füße vor Schmerz schrien. »Hör mal, du scheinst dich doch hier oben bestens auszukennen: Weißt du, wo ich hier ein Telefon finde?«

Der Waldschrat zupfte an seinem rotblonden Bart und antwortete, ohne anzuhalten:

»Wozu brauchst du denn ein Telefon?«

Jetzt riss Alexis der Geduldsfaden.

»Um anzurufen, verdammt noch mal! Muss man dir denn alles erklären?«

Gleich darauf bereute sie ihre Grobheit, und sie nahm die Hand des Mannes zwischen ihre Hände und sah ihn entschuldigend an. Sie waren kurz unterhalb des Gipfels neben einer kleinen Höhle stehen geblieben.

»Ich habe keine Antworten«, sagte er. »Aber sie.«

»Sie? Meinst du die Fische? Du bist ja völlig von ihnen besessen.«

»Wen willst du denn anrufen?«, fragte der Einsiedler plötzlich, als hätte er ihre Frage eben erst verstanden.

»Die Polizei.«

»Bist du verletzt?«

»Noch nicht«, antwortete sie und blickte auf ihre Füße, »aber ich muss von hier fliehen.«

»Fliehen? Wer hält dich hier fest?«

»Vielleicht niemand, aber ich bin nicht aus freien Stücken hier. Können wir wieder zurück nach unten?«

Den Einsiedler schienen die Worte und das Gebaren der Städterin zu verwundern. Gedankenverloren starrte er ins Dunkel der Höhle und sagte:

»Du willst mir doch nicht weismachen, du wärst ohne Grund hier heraufgekommen?«

»Soll ich etwa da hineinkriechen? In dieses Loch? Und wenn mir ein Bär entgegenkommt?«

»Keine Angst, ich gehe voraus. Denk du schon mal über deine Frage nach. Übrigens: Ich heiße Jonás. Das solltest du wissen, bevor du mich gleich nur noch von hinten siehst.«

Alexis stellte sich ebenfalls vor, dann folgte sie ihm in die Höhle wie ein Kind auf Entdeckungsreise.

Sie konnte nicht glauben, was sie sah. Fassungslos betrachtete Alexis das Licht, das durch einen Spalt irgendwo in der Decke fiel und einen smaragdgrünen Teich erleuchtete, in dem Hunderte roter Fische schwammen.

»Das ist unglaublich!«

Jonás betrachtete sie zufrieden, sagte aber nichts. Entzückt fragte sie:

»Wer hat sie in den Teich gesetzt? Fütterst du sie?«

»Ja. Das ist meine Arbeit.«

Arbeit schien in diesem Zusammenhang ein merkwürdiges Wort, aber sie war zu verzaubert von ihrer Entdeckung, um diesem Gedanken weiter nachzuhängen. Außerdem fand sie es rührend, dass ein ganzer Kerl wie er sich um die Fische kümmerte.

Wo er wohl lebte?

Noch bevor sie ihn fragen konnte, überraschte Jonás sie aufs Neue, indem er sagte:

»Ich hole uns beiden was zu essen. Vielleicht finde ich ja sogar ein paar Sandalen, die bequemer sind als deine.«

»Ich komme mit.«

»Das brauchst du nicht, nutze lieber die Gelegenheit und erzähle den weisen Fischen deine Geschichte. Sie werden eine Antwort für dich finden.«

Alexis fühlte sich wirklich wie ein kleines Mädchen, während sie auf die Fische zutrat, die sich leuchtend rot von den Kieselsteinen am Grund abhoben. Der Teich mochte gut und gerne zwei Meter tief sein.

»Aber wie sollen sie mir antworten?«, fragte sie in gespielter Unschuld.

»Sie verschieben die Steine am Grund«, antwortete Jonás, »und legen sie zu Zeichen, aus denen du ihre Antwort ablesen kannst. Aber du musst ihnen Zeit lassen, denn wie alle Weisen arbeiten sie nachts. Jetzt muss ich gehen.«

Faszîniert beobachtete Alexis den Tanz der Fische. Sie glaubte kein Wort von dem, was Jonás ihr gerade erzählt hatte, aber plötzlich fühlte sie sich so ruhig und gelassen wie seit Jahren nicht mehr.

Die Fische unter dem Vorhang aus Licht, das

durch den Spalt hereinfiel, hatten etwas Hypnotisches.

»In Ordnung, ich warte hier auf dich«, sagte sie.

»Die Fische können dir alles erklären, du musst ihnen nur deine Geschichte erzählen. Je mehr Einzelheiten du ihnen berichtest, desto genauer fällt ihre Antwort aus.«

»Wenn du es sagst ... Ist ihnen egal, welche Geschichte ich erzähle?«

»Nun ja.« Der Einsiedler, der schon fast aus der Höhle heraus war, lächelte. »Um die Wahrheit zu sagen: Diese Fische sind Spezialisten für Liebesgeschichten.«

7

SO NAH UND DOCH SO FERN

Es gibt Menschen, die niemals ganz aus unserem Leben verschwinden, selbst wenn sie vor langer Zeit weggegangen sind. Obwohl die Jahre vergehen und wir andere wundervolle Menschen kennenlernen, bleibt die Wunde, die sie unserem Herzen geschlagen haben, bestehen und schmerzt, sooft wir an sie denken.

Wenn wir uns einsam und verloren fühlen wie ich jetzt, öffnet ihre Macht die Kiste der schlafenden Gefühle: die Schmetterlinge im Bauch bei der ersten Begegnung, die Überraschung beim ersten Geschenk. Die Freude über das gemeinsame Lachen, die Bitterkeit der Eifersucht oder des ersten Streits. Und gleich darauf die tiefe Angst des Verlusts und der Leere.

Mir ergeht das so mit Ángels Geist. Und ich sage nicht etwa Geist, *weil er tot wäre, sondern weil sich meine erste Liebe im Laufe der Jahre zu einer durchscheinenden Erinnerung verflüchtigt hat. Ángels Gesichtszüge, der Klang seiner*

Stimme sind so undeutlich geworden, dass ich ihn manchmal durch den Mund eines Freundes sprechen zu hören glaube oder meine, in den Augen meines letzten Liebhabers seinen Blick zu erkennen.

So viele Jahre ist das jetzt her, und doch habe ich weder sein sanftes Lächeln noch den Duft seiner Haut vergessen.

Wenn ich anfange nachzurechnen, wird mir weh ums Herz. Zehn Jahre sind seit der Hochzeit meiner besten Freundin Carmen vergangen; fünfzehn, seit ein von mir entworfenes Modell zum ersten Mal auf dem Laufsteg präsentiert wurde, und zwanzig seit dem Ende meiner Schulzeit … seit meiner letzten Begegnung mit Ángel.

Seither habe ich stets das Gefühl gehabt, im Spiel der Liebe immer die schlechtesten Karten zu ziehen. Oder kann ich sie einfach nicht lesen? Vielleicht verstehe ich die Zeichen nicht zu deuten.

Ángel war der Erste. Damit meine ich nicht, dass ich mit ihm meine Unschuld verloren hätte. Wir waren nie miteinander im Bett – obwohl ich absolut nichts dagegen gehabt hätte. Er saß im letzten Schuljahr neben mir. Mein erster wirklicher Freund und der erste Junge, mit dem ich allein im Kino war. Er war meine erste richtig große Liebe. Manchmal frage ich mich, ob nicht die einzige. Auf jeden Fall bin ich sicher, dass ich nie wieder jemanden so bedingungslos, rein und heftig geliebt habe wie ihn.

Manchmal frage ich mich, ob er noch manchmal an alles denkt, was wir gemeinsam erlebt haben. Ob es ihm jemals etwas bedeutet hat … Ich weiß nicht, ob er mich wenigstens ein bisschen geliebt hat, ob er mich mochte, mich attraktiv fand.

Leider hat er es versäumt, mir eine Nachricht zu hinterlassen, in der er mir seine wahren Gefühle offenbarte, bevor er für immer verschwand.

Ich hingegen schrieb ihm einen langen Brief, in dem ich ihm mein Herz ausschüttete. Das war im Sommer nach unserem letzten Schuljahr, und seither habe ich mir immer wieder die unterschiedlichsten Antworten auf meinen Brief ausgemalt:

»Geliebte, unsere Liebe darf nicht sein. Meine Familie ist gegen uns und zwingt mich, dich aufzugeben.« »Ich bin verrückt nach dir, aber ich habe eine tödliche Krankheit und will nicht, dass du leidest.« Oder – warum nicht?: »Du wirst immer die Frau meines Lebens sein, die erste und einzige, aber ich habe beschlossen, mein Leben Gott zu weihen und fortan als Mönch in Klausur zu leben.«

Das mag melodramatisch klingen, aber wenn man siebzehn ist und das erste Mal Hals über Kopf verliebt und einem dann das Herz gebrochen wird, erlebt man alles unglaublich intensiv. Es ist das Alter des Ganz oder Gar nicht, Schwarz oder Weiß, von Liebe oder Hass, Immer oder Nie.

Die Wahrheit ist: Von ihm kam nichts. Nicht mal so was wie »Tut mir leid, Süße, du bist einfach nicht mein Typ.«

Lange Zeit redete ich mir ein, dass er vielleicht schwul sei. Diese Erklärung linderte ein wenig den Schmerz darüber, dass er mir niemals auch nur eine Zeile geschrieben hatte, bevor er aus meinem Leben verschwand.

Wenn ich allerdings jetzt so zurückdenke: Eine Nachricht gab es schon. Schade nur, dass sie nicht von ihm stammte, sondern von einem Immobilienmakler. »ZU VERMIETEN«

stand auf einem Zettel, der im Fenster seiner Wohnung hing, darunter eine Telefonnummer. Natürlich rief ich sofort an, aber niemand ging dran.

Ángel und seine Familie waren weggezogen. Damals hatte kaum jemand ein Handy, und so war er für immer verschwunden.

Eigentlich habe ich in jenem Sommer schon alles aufgeschrieben, was sich zwischen uns abgespielt hat: elf beidseitig in winziger Schrift beschriebene Blätter. Ich sehe noch heute das malvenfarbene Büttenpapier vor mir, auf das ich wie die romantischen Heldinnen, die meine Vorbilder waren, ein paar Tropfen vom Parfüm meiner Mutter träufelte.

Ich habe mich immer für Literatur begeistert, Ángel war eher der Naturwissenschaftler. Ich war redegewandt, er war schweigsam.

Ich glaube, es waren diese Gegensätze, die uns magnetisch anzogen. Sie und das unbewusste Eingreifen Josés, unseres Klassenlehrers, der uns nebeneinandersetzte.

Ich war neu an der Schule und in der Gegend. Zuvor war ich auf eine von Nonnen geleitete Schule gegangen, eine altmodische Einrichtung am anderen Ende von Barcelona. Aber dann wurde mein Vater, der Arzt war, in ein anderes Krankenhaus versetzt und beschloss, uns eine Wohnung in der Nähe seines neuen Arbeitsplatzes zu suchen.

Damit nahm mein Leben eine Wende. Heute muss ich lachen, wenn ich daran denke, aber damals war es ein riesiges Abenteuer, von einer Nonnenschule an eine gemischte Schule zu wechseln. Jungen waren für mich eine fremde Spezies. Man stelle sich nur vor: Ich hatte noch nie in meinem Leben einen Mann in Unterhosen gesehen.

In meiner Familie herrscht praktisch Matriarchat: Ich habe zwei Schwestern, zwei Tanten – die eine verwitwet, die andere geschieden –, vier Cousinen und zwei Großmütter. Mein Vater und mein Großvater sind die einzigen Männer … und die zählen natürlich nicht.

Dann kam ich auf die neue Schule. Als ich die Tür zum Klassenzimmer öffnete, war es, als wäre mein Leben endlich mit einer Tonspur versehen worden. Am ersten Tag trug ich eine blassrosa Bluse mit Schulterpolstern und eine marineblaue Bundfaltenhose … Es fehlten nur noch die Zöpfe mit Schleifchen!

Mir ist klar, dass ich als Modedesignerin gewisse Dinge lieber für mich behalten sollte. Doch wer hat mit sechsunddreißig nicht schon einige dunkle Flecken in seiner Vergangenheit?

Aber zurück zum ersten Tag, an dem unser Lehrer nachsah, wo noch ein Platz frei war, und beschloss, mich neben Ángel zu setzen. Zu meiner Überraschung loste er es aus. Ich erinnere mich noch genau an diesen folgenschweren Moment, in dem der Zufall über mein Schicksal für die nächsten neun Monate entschied … ganz zu schweigen von den Jahren, die es mich kosten sollte, das Trauma von Ángels Verlust zu überwinden.

Das Schicksal meinte es gut mit mir und platzierte mich neben diesem Jungen, der mich vom ersten Augenblick an faszinierte. Als das Los gefallen war, stand er auf, um mich durchzulassen, lächelte mich an und sagte: »Heute ist mein Glückstag.« Und so wurde aus Ángel Gómez mein Engel.

Ohne es zu bemerken, woben wir aus den Fäden des Alltags ein Netz, das uns für den Rest des Schuljahres zusammenhielt. Ángels Freunde nahmen mich sofort in ihre Clique auf. Für den Rest der Schulzeit hatten wir die gleichen Freunde, gingen auf die gleichen Geburtstage und machten am Wochenende zusammen Ausflüge. Bei allen Laborversuchen bildeten wir ein Team, und beim gemischten Basketball waren wir immer in der gleichen Mannschaft.

Er war ein Ass in Mathe und Physik, dafür aber eine völlige Null in Literatur und Kunst – und das, obwohl er ausgesprochen sensibel war. Ich weiß noch, wie er sagte, dass Zahlen und Formeln objektiv seien und es bei ihnen fast immer nur eine einzige logische Lösung gebe. Er war froh, dass niemand von ihm verlangte, sich für oder gegen das Gesetz der Schwerkraft auszusprechen oder zu erklären, was er Brüchen gegenüber empfand. Das gab ihm Sicherheit.

Ich hingegen fieberte dem Unterricht bei unserer Literaturlehrerin María entgegen. Sie lehrte uns, Lyrik ebenso zu lieben wie eine gute Erzählung und die Gefühle, die beide in uns weckten, in Worte zu fassen – und sogar unsere ersten Texte zu schreiben! Ich wollte die Figur jedes Romans sein, den ich entdeckte, und alle diese aufregenden Geschichten selbst erleben, sogar die Horrorgeschichten und die größten Tragödien.

Irgendwann trafen Ángel und ich eine Übereinkunft – stillschweigend, wie alle unsere Übereinkünfte. Wir blieben nachmittags in der Bibliothek und halfen uns gegenseitig bei den Hausaufgaben. Ich glaube, er war erfolgreicher als ich: Auch heute noch kann ich Quadratwurzeln ziehen und habe keine Probleme bei meiner Buchhaltung.

Ich hingegen schaffte es nicht, dass Ángel auch nur einen einzigen Vers von Bécquer auswendig lernte! Manchmal frage ich mich, ob er heute gerne liest, und seien es auch nur die gerade angesagten Bestseller. Oder ist er einer jener Männer geworden, die ich immer in der Bar vor meinem Atelier beobachten konnte und deren Bettlektüre wahrscheinlich die Sportzeitung ist?

Wer weiß. Damals jedenfalls war er ein so sensibler, höflicher und bescheidener Junge, dass ich nie verstanden habe, wieso er Kunst, Literatur und Philosophie nichts abgewinnen konnte. Ángel war für mich … wie ein Ritter in schimmernder Rüstung! Als wir im Unterricht den Don Quijote *lasen, bat ich ihn zum Spaß, mich Dulcinea zu nennen. Kitschig, nicht wahr? Kitschig und offensichtlich … aber er verstand die Anspielung nicht.*

Warum sind siebzehnjährige Jungen unfähig, zwischen den Zeilen zu lesen? Ángel jedenfalls war dazu völlig außerstande, ja mehr noch: Er sah nicht einmal die Rauchzeichen direkt vor seiner Nase. Zarte Andeutungen zu verstehen war definitiv nicht seine Stärke. Vielleicht lag es nicht in seinen Genen. Wenn ich in einem historischen Roman lese, wie die Frauen sich früher mit ihren Geliebten durch geheime Zeichen mit ihren Fächern verständigten, denke ich an Ángel und muss lächeln bei der Vorstellung einer dieser zarten Frauen, die vergeblich wie wild ihren Fächer schwenkt. Bei ihm hätte sie sich höchstens das Handgelenk verstaucht.

Als der Winter begann, wurde mir bewusst, dass ich ihm rettungslos verfallen war, im übertragenen Sinne natürlich. Ich träumte im Wachen – und im Schlafen – von ihm und schmachtete selbst dann nach ihm, wenn er direkt vor mir stand.

Mehr als einmal erwischte ich meine Eltern dabei, wie sie sich angesichts meiner Schwärmerei verstohlen anlächelten und einander zuzwinkerten. Jeder schien zu wissen, wie es um mich bestellt war … jeder außer Ángel.

Einmal rief mich meine Literaturlehrerin besorgt zu sich: In der Woche zuvor hatte sie uns gebeten, ein sechzehnzeiliges Gedicht zu schreiben, und ich hatte ein Liebesgedicht mit dem Titel So nah und doch so fern verfasst. Es handelte von zwei Liebenden, die sich täglich sehen, aber einander nicht sagen können, wie sehr sie sich lieben, weil die Liebe so groß ist, dass es keine Worte für sie gibt … Aber es war nicht das Thema meines Gedichts, das María beunruhigte, sondern die Schrift, in der ich es verfasst hatte: Jeder Buchstabe war aus winzigen Herzchen zusammengesetzt!

Ángel tat weiterhin ahnungslos, aber irgendetwas muss er auf seine Art doch gespürt haben. Zwar war ich ein bis über beide Ohren verknallter Backfisch, aber zugleich war ich auch schon fast eine Frau. Und wir haben für so etwas einen sechsten Sinn.

Er suchte meine Gesellschaft, brachte mich gerne zum Lachen, und wir weihten einander in unsere Geheimnisse ein. Er erzählte mir von den Streitereien, die er damals mit seinen Eltern hatte, von seinen Ängsten und Träumen … Er wollte

Ingenieurswesen studieren, beim Bau einer Rakete mitwirken und irgendwann einmal für die NASA arbeiten.

Ich hingegen wusste zu dieser Zeit noch überhaupt nicht, was mir vorschwebte. Stundenlang sprachen wir über meine Zukunft. Ich redete von Buchstaben und Farben, von Reimen und Harmonie, von Schönheit und Ästhetik, konnte aber das, was mir wichtig war, nicht benennen. Ángel schleppte unermüdlich Informationen über Ausbildungen und Studiengänge an, in denen ich meine Interessen auf die eine oder andere Weise verwirklichen konnte.

Tatsächlich habe ich es ihm zu verdanken, dass ich meinen Weg gefunden habe, auch wenn er das nie erfahren hat. Ihm und dem Zufall. Als er verschwand, war ich so traurig und niedergeschlagen, dass meine Eltern fürchteten, ich würde mich völlig gehen lassen. Für mich war das Ganze viel mehr als das Ende einer Geschichte – die ja im Grunde nie richtig angefangen hatte. Für mich war es DAS ENDE.

Um mich aufzumuntern, beschlossen meine Eltern, mich eine Zeitlang wegzuschicken, in eine lebendige, internationale Stadt, in der ich nicht mehr jeden Tag an Ángels immer noch leer stehender Wohnung vorbeigehen würde.

Und was gab es da Besseres als London, wo meine Tante Marisa lebte?

Also fuhr ich mit meinem Koffer voller rosafarbener Blusen und den Stücken meines zerbrochenen Herzens dorthin. Zum Glück fand meine Tante, eine fröhliche Mittdreißigerin, die an einer angesehenen Modeakademie als Schnittmusterlehrerin arbeitete, dass es nichts im Leben gäbe, was man nicht flicken könne. Und so nähte sie mein Herz Stück für Stück wie bei ihren Schnittmustern wieder zusammen.

Schon nach wenigen Wochen wusste ich, dass ich so sein wollte wie meine Tante Marisa: Ich wollte nähen oder Vorlagen erstellen, nach denen andere nähten.

Aber man weiß ja, wie das mit Flickwerk ist: Der Faden kann noch so stark und die Näherin noch so geschickt sein, mit der Zeit lösen sich Nähte und platzen wieder auf.

Und genau das passiert mit meinem Herzen, sooft ich an Ángel denke. Auch heute noch bricht es mir immer wieder aufs Neue, und das ist vielleicht der Grund, warum es mit den darauffolgenden sechs Männern ebenfalls schiefgegangen ist. Leider ist meine Tante Marisa nicht mehr da, um es in Ordnung zu bringen. Sie starb vor zwei Jahren. Und das eigene Herz zu flicken ist keine leichte Aufgabe.

Also habe ich Ángel vielleicht meine Berufswahl zu verdanken. Aber ich habe nicht vergessen, dass ich ihm zum Teil auch mein Unglück verdanke. Denn was tut mehr weh, als nicht zu wissen, was geschehen ist? Es heißt, Worte können verletzen, aber ich glaube, es sind die unausgesprochenen Worte, die am meisten schmerzen. Schweigen kann eine tödliche Antwort sein.

Das Schuljahr ging zu Ende, und ich wusste langsam nicht mehr, unter welchem Vorwand ich mich mit Ángel allein treffen konnte: Ich hatte unzählige Konflikte mit meinen Eltern erfunden und schreckliche Ängste um meine Zukunft vorgetäuscht, nur damit er mich tröstete. Ich wusste nicht mehr, wie ich ihm meine Absichten noch begreiflich machen sollte, und hatte schon Muskelkater in den Lidern von meinen zahllosen verführerischen Augenaufschlägen. Um seine Aufmerksamkeit zu erregen, hatte ich ganze drei Mal meine Haarfarbe, meinen Haarschnitt und meinen Kleidungsstil geändert. Und nun war der Sommer da, und wir mussten uns trennen, wenn auch nur für kurze Zeit, wie ich glaubte.

Die Familie meines Geliebten hatte ein Landhaus in der Sierra, meine Familie verbrachte den Urlaub am Meer. Zwischen beiden Ferienorten lagen hundertzwanzig Kilometer. Zu viele für zwei Jugendliche, die nicht einen Cent besaßen.

Zu dieser Zeit kannten meine Freundinnen meinen Kummer bereits. Meine Freundinnen und, ehrlich gesagt, auch der Rest der Klasse. Also planten wir eine Angriffstaktik. Einen unfehlbaren Plan Z, der mir den Sieg bringen würde … oder den Tod! Letztendlich hatte er weder das eine noch das andere zur Folge. Nur Stille. Aber das konnten wir zu dieser Zeit noch nicht wissen.

Wenn wir nicht fürs Abi büffelten, trafen wir uns, um den entscheidenden Angriff zu planen. Wo sollte er erfolgen? Was sollte ich anziehen? Wir beschlossen, dass es das Beste wäre, das Ende des Schuljahres und die Zeugnisausgabe abzuwarten.

Wie von einem zukünftigen Sternenreisenden nicht anders zu erwarten, hatte Ángel ein überragendes Zeugnis. Meine Noten waren auch nicht schlecht. Meine vielen Einsen erschienen mir als ein gutes Zeichen. Ich war der geborene Siegertyp. Wenn ich über Pascal, die gallischen Heere und den Ulysses von Joyce triumphiert hatte – wie sollte mir da ein linkischer, sommersprossiger Siebzehnjähriger widerstehen können?

Damals war ich überzeugt, dass Ángel meine Gefühle

teilte und nur seine große Zurückhaltung, Vornehmheit und Schüchternheit – und natürlich seine Kurzsichtigkeit – ihn davon abhielten zu bemerken, dass ich genauso empfand wie er.

Obwohl ich schon siebzehn war, musste ich meinen äußerst konservativen Eltern die Erlaubnis abringen, abends allein mit einem Jungen ins Kino zu gehen. Schließlich gaben sie nach, weil der Junge Ángel war, den sie gut kannten, und im Kino zum x-ten Mal Indiana Jones *lief. Trotzdem war das Ganze für mich ein großes Abenteuer.*

Ángel war pünktlich da, um mich abzuholen. In meiner Euphorie hielt ich auch das für ein gutes Omen. Das und die Tatsache, dass der Rosenbusch meiner Großmutter endlich erblüht war, dass meine kleine Schwester mal einen Tag lang nicht ununterbrochen gebrüllt hatte – sie war heiser – und dass es an diesem Samstag zum Nachtisch meinen Lieblingsjoghurt gegeben hatte. Kurz gesagt: Ich fühlte mich wie Magellan höchstpersönlich, der sich auf seinem Weg von den Sternen leiten ließ, obwohl ich einfach nur alltägliche Begebenheiten nach meinem Gutdünken interpretiert hatte.

Ich hatte mich zurückhaltend und doch verführerisch gekleidet, eine Mischung, die sehr schwer hinzubekommen ist. Ich glaube, mein ganzes Wesen strahlte Erwartung, Verheißung, Hoffnung aus. Und er … er … ehrlich gesagt, weiß ich nicht mehr, was er anhatte. Aber Ángel war sowieso nie besonders modebewusst gewesen. Ich nehme an, er trug die abgewetzten Jeans, die ihm so gut standen, und einen schwarzen Pullover.

Wir betraten den Kinosaal, und alles lief wie geplant. Wir setzten uns in die hinterste Reihe, die leer war. Als das Licht aus war, rückte ich immer dichter an meinen Liebsten heran. Und er rückte nicht weg. Trotzdem war mir klar, dass ich alles allein würde machen müssen. Wenn ich es über die Ziellinie schaffen wollte, musste ich Ausdauer beweisen. Und in diesem Augenblick war mein Ziel nichts weiter als ein Kuss. Mein erster richtiger Kuss.

Heute mag das lächerlich erscheinen, doch damals wäre ich fast bereit gewesen, für diesen Kuss mein Leben zu geben. Aber sosehr ich meinen Kopf auch auf seine Schulter legte und mein Gesicht an seinen Hals schmiegte – der Kuss kam nicht. Ángel war zu sehr in die Abenteuer auf der Leinwand vertieft, um mir eine Möglichkeit zu bieten, ihn zu küssen.

Also beschloss ich, aufs Ganze zu gehen: Als es aussah, als würde Indiana Jones in einen Abgrund stürzen, griff ich nach seiner Hand.

Und da – ich erinnere mich noch wie heute – geschahen zwei Wunder. Zwei. Direkt hintereinander, vielleicht sogar gleichzeitig, ich weiß es nicht. Zwei Wunder, die nur ein paar Minuten dauerten, mir aber wie eine Ewigkeit erschienen.

Das erste Wunder war, dass Ángel mich nicht zurückwies. Weder zog er seine Hand weg, noch schob er meine von sich ... Das war der Beweis, dass er fühlte wie ich, dass uns ein süßes Geheimnis verband.

Das zweite Wunder war eine Antwort auf meine Gefühle, auf meine seit neun Monaten gehegte Liebe.

Ich habe unzählige dieser Filme gesehen, in denen die Heldin erklärt, dass sich dein Fuß von allein hebt, wenn du den richtigen Jungen küsst. Mein Fuß blieb am Boden, weil ich Ángel nicht küsste, aber ich spürte dort, wo unsere Haut sich berührte, in jeder Pore ein Kribbeln, das eine nahezu schmerzliche Glückseligkeit verhieß.

Die Erinnerung an unsere aufeinanderliegenden Hände ist so stark, dass ich nur die Augen schließen und mir einen dunklen Kinosaal vorstellen muss, um wieder das Rasierwasser zu riechen, nach dem Ángel an jenem Abend duftete.

Nach der Vorstellung brachte er mich nach Hause. Ich wünschte, der Weg würde niemals enden. Immer wieder fand ich eine Ausrede, um langsamer zu gehen. Ich wollte ihm die Gelegenheit geben, mich zu küssen.

Aber an diesem Abend tat er es nicht.

Ich dachte, dass er es vielleicht am nächsten Tag tun würde, zum Abschied, bevor wir in den Urlaub verschwanden. Oder vielleicht nach seiner Rückkehr. Oder vielleicht ... Wir hatten noch das ganze Leben vor uns! Ich wusste nicht, dass es nie geschehen würde. Noch unauslöschlicher als nie gesagte Worte sind die Küsse, die nicht gegeben werden.

Ich musste meinem Herzen Luft machen. Den ganzen folgenden Tag saß ich zu Hause und schrieb diesen Brief, fast eine Doktorarbeit, füllte elf malvenfarbene Papierbögen. Dabei wartete ich die ganze Zeit darauf, dass er anrief, um sich zu verabschieden – doch der Anruf kam nicht.

Da ich die Anschrift seines Ferienhauses hatte, schickte ich den Brief dorthin.

Einen ganzen schrecklichen Sommer lang wartete ich sehnsüchtig auf Antwort. Nichts. Die tiefe Traurigkeit dieses Som-

mers zog sich bis in den Herbst, dann in den Winter hinein … und manchmal kommt es mir so vor, als hätte ich dieses entsetzliche Schweigen nie verwunden.

Wie kann jemand, der dich liebt, und sei es auch nur ein kleines bisschen, nur als Freund, dich ohne ein einziges Wort verlassen?

In meinem Brief hatte ich ihm in jeder Zeile meine Seele entblößt. Ich weiß nicht mehr, was ich alles geschrieben habe. Ich nehme an, der Brief wimmelte von abgedroschenen Redensarten und Zitaten meiner Lieblingsautoren, wahrscheinlich malte ich geflügelte Herzchen in jede Ecke. Ich weiß noch, dass ich ihm sagte, er sei der Erste, der Einzige, der Wichtigste. Dass ich bereit sei, ihn immer zu lieben, über Raum und Zeit hinweg.

Bestimmt hat ihn das erschreckt. Aber dennoch: Wie kann jemand erwarten, dass man nach so etwas weiterlebt, als wäre nichts geschehen?

Ich hasse ihn nicht. Inzwischen, zwanzig Jahre später, ist Ángel für mich so etwas wie mein ganz besonderer Geist. Aber nicht einer jener Geister, die einen in Angst und Schrecken versetzen, sondern einer, der einen begleitet. Wenn ich traurig und verzagt bin, kehrt die Erinnerung an ihn zurück und lässt die unschuldigen, leidenschaftlichen Gefühle von damals wieder aufleben. Und auch wenn die Erinnerung an ihn wehtut, gibt sie mir zugleich Hoffnung, dass ich eines Tages wieder eine so reine Liebe für jemanden empfinden werde.

Ángels Geist trägt mich zurück in jene goldene Zeit, in der alles möglich schien und die Zukunft noch ein unbeschriebenes Blatt war. Ohne Wolken am Horizont und drohenden Regen, so wie es in späteren Zeiten und bei späteren Geschichten nie wieder war.

In den Nächten, in denen ich mich einsam und niedergeschlagen fühle und nur ein Glas Wein mir Gesellschaft leistet, male ich mir tausend Möglichkeiten aus, wie unsere Geschichte hätte enden können. Meine erste Liebesgeschichte. Als wäre sie eines meiner Modelle, füge ich hier eine Farbe hinzu, nehme dort eine Naht weg, ändere die Form … Aber immer wieder komme ich auf denselben Punkt zurück: Wäre alles anders gekommen, wenn ich diesen Brief nie geschrieben hätte?

8

DER KORB

Nachdem Alexis den Fischen die Geschichte ihrer ersten Liebe in allen Einzelheiten erzählt hatte, verließ sie die Höhle. Sie kam sich vor wie in einem Traum.

Der Himmel hatte sich zugezogen und verhieß stürmisches Wetter.

Ich werde nicht den ganzen Tag auf Jonás warten, sagte sie sich, während sie sich an den Abstieg über den steilen, gewundenen Pfad machte. Vielleicht wohnte der Einsiedler weit weg von hier oder hatte damit gerechnet, dass ihre Beichte eine halbe Ewigkeit dauerte.

Was sie da gerade getan hatte, war ihr ein wenig peinlich, außerdem spürte sie, wie ihre Glieder vor Müdigkeit und Erschöpfung wieder schwer wurden. Sich erinnern ermüdet, vor allem, wenn man sich an seinen tiefsten Schmerz erinnert.

Beim Stupa angekommen, beschloss sie, erst

einmal zur steinernen Schutzhütte zurückzugehen. Zwar wusste sie nicht, wer sie in diese abgeschiedene Gegend verschleppt hatte, aber sie war zu schwach, einen Tagesmarsch über katastrophale Wege anzutreten, der sie zurück in die Zivilisation bringen würde. Noch dazu mit diesen Sandaletten …

Plötzlich fiel ihr Jonás' Versprechen wieder ein, ihr nicht nur Essen, sondern auch bequemeres Schuhwerk zu besorgen.

Wir werden ja sehen, sagte sie sich, während sie sich bemühte, nicht vom Weg abzukommen und sich das Genick zu brechen, ich habe sowieso keinen Hunger.

An der Hüttentür erwartete sie ein mit einem Leinentuch bedeckter Korb. Er enthielt eine dampfende Schüssel Reis mit Gemüse, eine Scheibe Brot und zwei Stück Obst.

Alexis lief das Wasser im Munde zusammen. Doch damit nicht genug: Neben dem Korb stand ein Paar Badeschlappen, die mehr oder weniger ihre Größe hatten. Auch nicht gerade das ideale Schuhwerk, um damit in den Bergen herumzukraxeln, dachte sie, aber immerhin waren sie flach, und so würde sie sich wenigstens nicht die Haxen verstauchen.

Während sie mit dem Rotkäppchenkorb die Hütte betrat, fragte sie sich, wie es der Einsiedler in nicht einmal zwei Stunden geschafft hatte, nach Hause zu gehen, das Essen zuzubereiten und es hierherzubringen.

Er kann nicht sehr weit weg wohnen, schloss sie und nahm einen Löffel mit Reis und Gemüse. Vielleicht lebt er ja in einer Höhle wie die Fische.

Je mehr sie aß, desto hungriger wurde sie. Schließlich war die Schüssel, die ihr geheimnisvoller Beschützer ihr hingestellt hatte, geleert. Sie knabberte noch einen halben Apfel, dann streckte sie sich auf dem Bett aus, erschöpft von ihrer Wanderung bergauf und bergab.

Ihre Beine waren die Anstrengung nicht gewöhnt.

Es hatte abgekühlt, und so wollte sie sich eine der Decken nehmen, die in der Hütte lagen. Doch noch bevor sie danach greifen konnte, war sie schon eingeschlafen.

9

AUF REGEN FOLGT SONNENSCHEIN

Sie erwachte vom Regen, der auf das Dach der Hütte prasselte. Ein zart orangefarbenes Licht, das allmählich das Grau verdrängte, zeigte ihr, dass der Morgen dämmerte.

Hatte sie wirklich so lange geschlafen?

Ihr war so wohlig zumute, dass sie erst nach einer ganzen Weile bemerkte, dass sie mit einer Wolldecke zugedeckt war. Überrascht hielt sie Ausschau nach dem Korb.

Er war verschwunden.

Jonás hat ihn mitgenommen und mich zugedeckt, während ich schlief.

Sie sprang aus dem Bett, verwundert darüber, dass dieser Fremde sie so hegte und pflegte. Ob der Bärtige am Ende doch ihr Entführer war?

Vor der Tür erwartete sie wieder ein voller Korb.

Unter dem Leinentuch fand sie warmes Brot, hausgemachte Marmelade, einen Joghurt und eine Handvoll Waldbeeren.

Ihr Magen knurrte leise, wie um ihr zu sagen, dass er durchaus wieder etwas zu essen vertragen konnte.

Zumindest ist es eine süße Entführung, dachte sie, während sie in eine mit Marmelade bestrichene Brotscheibe biss.

Und im Grunde genommen war sie frei. Jonás hatte Recht: Niemand hielt sie hier zurück. Sie musste nur einen Weg finden, der bergab führte, und immer weitergehen, selbst wenn es den ganzen Tag dauern sollte. Dann würde sie früher oder später in eine bewohnte Gegend kommen.

Es hatte aufgehört zu regnen. Die Pfade waren frei von Steinen – offenbar sorgte Jonás auch dafür –, und so war der Weg zum Plateau mit dem Stupa in Badeschlappen gar nicht so unangenehm.

Hier wartete wieder der Einsiedler auf sie. Er stand reglos vor der Buddhafigur und war anscheinend so tief in Gedanken versunken, dass er Alexis' Anwesenheit erst bemerkte, als sie ihm grüßend die Hand auf die Schulter legte.

»Danke für das Frühstück, Herr Mystiker. Und für die Schlappen. Ach ja, und für das Essen von gestern.«

Der Einsiedler schien nicht im Geringsten überrascht. Er sah sie nur freundlich an und fragte:

»Und – was haben die weisen Fische dir gestern gesagt?«

»Nichts«, lachte sie. »Ich habe ihnen eine lange Geschichte erzählt. Es ist gemütlich da drinnen in der Höhle.«

»Dann sollten wir hingehen und ihr Orakel deuten.«

»Ihr Orakel? Wie meinst du das?«

»Sie hatten die ganze Nacht Zeit, über deine Geschichte nachzudenken. Bestimmt haben sie dir etwas zu sagen. Soll ich dich begleiten?«

Alexis zögerte, ob sie aus Nettigkeit Jonás gegenüber den beschwerlichen Weg zur Höhle noch einmal auf sich nehmen oder lieber gleich den Rückweg in die Zivilisation antreten sollte. Doch als sie den erwartungsvollen Blick des Mannes sah, entschied sie sich für Ersteres. Sie würde einen letzten Versuch unternehmen, freundlich zu sein. Dann würde sie Jonás und seinen Fischen Lebewohl sagen, und das wäre das Ende dieser Geschichte.

10

LIEBE BRAUCHT IHRE ZEIT

»Das muss Zufall sein!«, rief Alexis verblüfft aus. »Diese Fische schwimmen die ganze Zeit hin und her. Und wenn sie sich dicht über dem Grund bewegen, verschieben sie dabei unwillentlich die Kieselsteine. Jeder auch nur halbwegs phantasiebegabte Mensch kann sich dann einbilden, darin Figuren zu erkennen.«

»Aber du hast etwas gesehen, sobald du in den Teich geblickt hast«, erinnerte sie Jonás. »Du hast gesagt, es sähe aus wie …«

»Wie eine Sanduhr, ich weiß. Und so sieht es doch auch aus, oder? Es gibt sogar ein paar Steinchen, die vom oberen Teil in den unteren fallen. Unglaublich!«

»Das ist das Werk der weisen Fische«, erklärte Jonás so stolz, als spräche er von seinen Kindern.

»Das ist reiner Zufall, aber ich gebe zu, ich bin überrascht. Andererseits: Angenommen, dieses Muster aus Kieselsteinen wäre tatsächlich absichtlich gelegt – was würde es mir sagen wollen?«

»Das hängt davon ab, was du mit deiner Geschichte fragen wolltest.«

Fasziniert von diesem verborgenen Ort, an dem etwas Magisches geschehen war, fasste Alexis dem Einsiedler ohne Umschweife die Geschichte ihrer ersten Liebe zusammen.

»Na, dann ist die Botschaft doch klar«, sagte dieser. »Die weisen Fische haben den Nagel auf den Kopf getroffen.«

»Für dich vielleicht … Was zum Teufel hat diese Sanduhr zu bedeuten?«

»Das kannst du dir selbst beantworten. Es liegt doch auf der Hand!«

»Im oberen Teil der Sanduhr sind Körnchen, die noch nicht nach unten gefallen sind … Soll das etwa heißen, dass ich damals zu voreilig war?«, überlegte Alexis laut. »Hätte ich Ángel mehr Zeit lassen sollen? Vielleicht wären seine Gefühle dann gereift, und alles Weitere hätte sich von selbst ergeben. Stattdessen habe ich ihn mit dieser ›Briefbombe‹ erschreckt.«

»Siehst du? Du kannst die Botschaft mühelos deuten!«, lobte Jonás und warf den Fischen ein paar Brotkrumen zu. »Mit dieser Figur haben die Fische nur eine Antwort geweckt, die schon in dir schlummerte.«

Alexis ließ sich auf einem flachen Stein nieder und sagte nachdenklich: »Alle meine späteren Beziehungen waren Strohfeuer. Immer wenn es schwierig wurde, waren sie so schnell erloschen, wie sie entflammt waren.«

»Jedes Lebensalter hat seine eigene Zeit«, erwiderte der Einsiedler. »Junge Menschen sind langsam. Sie brauchen Monate und Jahre, um sich ihrer Gefühle bewusst zu werden. Alles, was man zum ersten Mal tut, braucht seine Zeit. Auch lieben.«

Alexis lief eine Träne über die Wange. Sie war bewegt und glücklich zugleich und fühlte, dass sie gerade so etwas wie eine Offenbarung erlebte.

Der Mann im Flanellhemd kam ihr nicht länger vor wie ein einfältiger Riese. Im Gegenteil: Seine Worte zeugten von tiefem Verständnis, als er fortfuhr:

»Junge Menschen sind zögernd in der Liebe wie ein Forscher, der sich auf neues Gebiet vorwagt. Bevor er den Boden betritt, muss er erst prüfen, ob er ihn trägt. Die angeblich so erwachsenen Menschen hingegen haben es so eilig, sich zu verlieben, als ob ihr Leben zu Ende ginge.«

Ich habe einen schweren Fehler gemacht, dachte Alexis, wütend auf sich selbst. Meine Liebe war so heftig, dass ich Ángel keine Zeit gelassen habe, seine Gefühle zu entwickeln. Ich habe ihn erschreckt. Als er meinen Brief bekommen hat, muss er gedacht haben, ich sei verrückt geworden. Ich habe mich benommen wie ein Volltrottel.

Jonás legte freundlich seine Hand auf die ihre – Alexis wusste nun, dass er ihr niemals wehtun würde – und sagte: »Warum erzählst du den Fischen nicht noch eine Geschichte?«

11

DER WACHSAME LIEBHABER

Meine erste Liebe war also ohne einen Laut verschwunden, und ich schwor mir, nie wieder jemandem mein Herz zu schenken. Nachdem ich das Beste, was ich zu geben hatte, in diesen langen Brief gepackt hatte, war nichts mehr übrig, für niemanden. Ich fühlte mich hohl und leer.

Seither ist so viel Zeit vergangen … Wenn ich an die Alexis von damals denke, wenn ich Fotos von mir mit dieser wilden Frisur sehe, überkommt mich eine nur schwer zu beschreibende Rührung. Ich fühle mich Lichtjahre entfernt von diesem unschuldigen, romantischen und verträumten Geschöpf, dem trotz seines ersten Liebeskummers noch die ganze Welt offenstand.

Ich hatte noch nie Wimperntusche benutzt, war noch nie geflogen … und dachte doch, ich hätte meine Seele dem ersten Mann geschenkt, der mir zugelächelt hatte. Vielleicht sagte ich das nur aus Selbstschutz, aber ich wollte mich einfach nie wieder verletzlich und wehrlos fühlen.

Manchmal frage ich mich, wie viel von diesem verträumten Teenager noch in mir steckt. Obwohl ich sechsunddreißig bin, bin ich für meine Eltern immer noch dieselbe. Sie versichern mir, dass ich die während der Pubertät schwer erarbeiteten Vorzüge und Laster immer noch nicht abgelegt habe. Vielleicht sagen sie das nur, damit ich weiterhin das Gefühl haben kann, ihr kleines Mädchen zu sein.

Meinen Eid, für immer einsam zu bleiben, hielt ich für vier lange Jahre. Vier Jahre meiner besten Jugend!

So ist das, wenn Jugendliche etwas »für alle Ewigkeit« tun. Danach kam Miguel und weckte mich aus meinem Dornröschenschlaf.

Nach Ángels rätselhaftem Verschwinden floh ich also nach London, um an der angesehenen Akademie, an der meine Tante unterrichtete, Modedesign zu studieren. Damals ahnte ich nicht, dass das, was ich für eine kurze Auszeit hielt, bis heute mein Leben bestimmen würde. Jedenfalls das Leben, das ich bis vor zwei Tagen geführt habe, bis es mich durch einen schicksalhaften Irrtum in diese Berge verschlagen hat. Nun ist alles in der Schwebe.

Rückblickend frage ich mich, was wohl aus mir geworden wäre, wenn ich das Flugzeug nicht genommen hätte. Was, wenn ich statt nach London zu meiner Großmutter aufs Land gezogen wäre? Wäre ich dann heute einer jener Hippies, die das Landleben wieder für sich entdeckt haben? Und wenn ich zu Hause geblieben wäre, bis meine Bitterkeit von allein verschwunden wäre?

Vielleicht hätte ich Geisteswissenschaften studiert und

würde heute wie María an irgendeinem Gymnasium Literatur unterrichten. Das Leben ist voller unerforschter Möglichkeiten.

Tatsache ist, dass ich in das Flugzeug stieg, das mich auf die Insel brachte. Dort angekommen, tat ich alles, was man in London eben so tut: Ich trank um fünf Uhr nachmittags Cream Tea, kaufte mir eine Spardose in Form einer roten Telefonkabine, legte mir einen echten britischen Akzent zu und stattete der National Gallery regelmäßig Besuche ab.

Aber ich tat auch Ungeahntes: Ich blieb vier Jahre, studierte Modedesign, schloss das Studium als Beste meines Jahrgangs ab, trieb mich Nacht für Nacht in Galerien herum, lebte in Gemeinschaftsateliers, wo wir die ästhetische Revolution planten, und ging immer wieder neue Wege.

Nach Beendigung meines Studiums gab es keinen Grund mehr, in London zu bleiben, und so kehrte ich nach Hause zurück.

Ehrlich gesagt kann ich mich nicht erinnern, dass mir der Abschied sonderlich schwergefallen wäre; nur um ein paar Freunde aus der Modedesignerszene, fast ausnahmslos Schwule, tat es mir leid. Zwar habe ich sie im Laufe der Jahre aus den Augen verloren, aber wir hatten eine wirklich gute Zeit zusammen. Wie sagte doch Hemingway über seine Zeit als junger Mann in Paris? Wir waren »arm und glücklich«.

Jetzt habe ich beruflichen Erfolg und mehr Geld, als ich ausgeben kann, aber ich betrete das Atelier vorsichtig wie ein Minenfeld und spüre die missgünstigen Blicke in meinem Nacken … Aber welche Bedeutung hat das schon in dieser Zwi-

schenwelt, in der ich hier gefangen bin? Oder bin ich gar keine Gefangene?

Wo war ich stehen geblieben? Ach ja: Als ich einundzwanzig war, war mein Herz dank meiner frisch entdeckten Leidenschaft für die Mode und der Gesellschaft meiner neuen Freunde wieder stark, vertrauensvoll und lebensfroh.

Ich packte also meine Siebensachen und kehrte nach Barcelona zurück. Das Glück war mir hold, denn ich musste nicht wieder bei meinen Eltern einziehen. Ich liebte sie sehr, aber der Gedanke, mich wieder ihren festen Regeln fügen zu müssen, war mir unerträglich – ganz zu schweigen davon, dass meine beiden kleinen Schwestern gerade heftig pubertierten.

Meine Eltern verstanden, dass ich mich in einer anderen Lebensphase befand, und überließen mir die Wohnung einer Großtante, die ins Altersheim gegangen war. So zog ich also in eine riesige alte Wohnung in der Altstadt, einen Ort voller Erinnerungen und Geschichten, den ich ganz für mich allein hatte.

Hier würde ich viele aufregende Dinge erleben. Und gleich das erste Erlebnis – auch wenn ich das damals noch nicht wusste – führte geradewegs zu einer neuen Liebe. Es war Miguel, einer meiner Nachbarn, der die in meinem Herzen schlummernden Gefühle wieder weckte.

Am ersten Tag in meinem neuen Heim kreuzten sich unsere Wege durch einen dummen Zufall. Der Cupido, der den Liebespfeil in das Herz des blonden jungen Mannes schoss, war ein Bote, der versehentlich einen Blumenstrauß bei ihm ablieferte statt bei mir. Meine langjährigen Freundinnen Carmen und Esther hatten mich mit ein wenig Farbe willkommen heißen wollen und beschlossen, mir einen Strauß rote Rosen zu schicken.

Um mir einen Streich zu spielen, hatten sie eine Karte von einem gewissen »Hareton Hindley« hinzugefügt. Was für ein alberner Name! Ich weiß nicht mehr genau, was auf der Karte stand, nur dass ich, als ich sie las, röter wurde als die Rosen. Es war der leidenschaftliche Gruß eines erfundenen heimlichen Verehrers, der angeblich in London vor Sehnsucht nach mir verging und meine Fähigkeiten im Bett pries oder so etwas.

Mit meinen einundzwanzig Jahren war ich immer noch Jungfrau, und so nahm ich an, dass der Blumenstrauß gar nicht für mich gedacht sein konnte.

Ich weiß es noch wie heute: der erste Abend in meinem neuen Heim, umgeben von Umzugskartons und mit einer Tütensuppe als Abendessen. Ich erwartete keine Besucher. Gerade hatte ich mit meinen Freundinnen telefoniert, als es an der Tür klingelte.

Im ersten Augenblick erschrak ich ein wenig. Wer konnte das sein? Wer wusste, dass in dieser Wohnung wieder jemand wohnte, nachdem sie fünf Jahre lang leer gestanden hatte?

Während ich den Flur entlangging, schossen mir tausend Möglichkeiten durch den Kopf. Vor lauter Grübeln vergaß ich ganz, dass ich eine Serviette umgebunden hatte wie ein Lätzchen, einen alten Trainingsanzug trug und mein Haar zu einem losen Pferdeschwanz zusammengebunden hatte. In dieser Aufmachung öffnete ich, nachdem ich durch den Spion gespäht hatte, dem schönsten Mann, den ich seit Jahren gesehen hat-

te, die Tür. Das Schicksal sollte einen im Voraus informieren, wann genau man seiner nächsten großen Liebe begegnet!

Anscheinend hatte der Blumenbote die Anschrift auf der Grußkarte nicht genau gelesen und den Strauß beim Nachbarn direkt über mir abgegeben.

Ich habe nie erfahren, was Miguel an jenem Abend dachte, als er die Superliebhaberin, für die die Rosen bestimmt waren, in diesem Aufzug sah. Allerdings hat er, glaube ich, auch nie erfahren, dass Hareton Hindley in Wirklichkeit gar nicht mein Liebhaber war, sondern ein Scherz meiner Freundinnen – und eine der Hauptfiguren aus Sturmhöhe. *Woher sollte er das auch wissen? Später fand ich heraus, dass er sich nicht im Mindesten für die Klassiker der Romantik interessierte, sondern eher für Jackie Chan und andere Kung-Fu-Meister.*

Mein Nachbar überreichte mir die Blumen mit einem Lächeln. Ich dankte ihm und ließ ein paar Gemeinplätze über Boten vom Stapel: dass sie allesamt Idioten seien und vielleicht darin geschult würden, die Lieferungen garantiert nie an der richtigen Stelle abzugeben …

Miguel hörte mir wortlos und mit leicht spöttischer Miene zu. Als er wohl fand, dass ich mich genug blamiert hatte, erklärte er, er arbeite vormittags als Motorradkurier. Er hatte viel Sinn für Humor, und so war das ein guter Anfang für eine schöne Liebesgeschichte. Schade, dass sie so hässlich endete.

In meinem tiefsten Inneren war mein Herz noch immer wund, deshalb machte ich es ihm nicht leicht. Ich hatte mir geschworen, in der Liebe so kalt zu bleiben wie die weiße Hexe in den Chroniken von Narnia. *Aber ich hatte nicht mit Mi-*

guels umwerfendem Lächeln gerechnet. Es war so warm, dass alle meine Bedenken nach und nach dahinschmolzen.

Man muss ihm zugestehen, dass er sich wirklich alle Mühe gab, mir ein erstes Ja abzuringen, eine Zusage zu etwas so Banalem wie einem gemeinsamen Abendessen beim Chinesen an der Ecke.

Ehrlich gesagt hätte ich mir für unser erstes Date etwas Romantischeres gewünscht, vielleicht gemeinsam einen Sonnenuntergang auf der Dachterrasse zu betrachten, einen Spaziergang im Park zu unternehmen oder eine Kunstausstellung zu besuchen, aber für so etwas war Miguel viel zu pragmatisch. Gleichzeitig war er sehr beharrlich.

Er begann es so einzurichten, dass wir uns regelmäßig rein zufällig im Treppenhaus begegneten. Jeden Morgen, wenn ich mich auf den Weg zu meinem ersten Praktikum als Modedesignerin machte, traf ich ihn auf dem Treppenabsatz – und wenn ich am späten Nachmittag nach Hause kam, traf ich ihn wieder!

Offen gestanden störte mich das nicht im Geringsten. Diese Begegnungen brachten viele Annehmlichkeiten mit sich. Wie viele Male schleppte Miguel meine Einkäufe nach oben! Er sorgte dafür, dass ich in unserem alten Treppenhaus, in dem bei jedem Gewitter das Licht ausfiel, nicht stürzte, denn er hatte in weiser Voraussicht stets eine Taschenlampe dabei.

Nach und nach kamen wir uns näher. Um keinen Zweifel an seinen Absichten zu lassen, legte mir Miguel jeden Freitag eine rote Rose auf die Fußmatte. Manchmal fand ich auch Nachrichten mit Gedichten von Neruda oder Benedetti in meinem Briefkasten. Sie waren in seiner merkwürdigen Handschrift auf die Rückseiten von Empfangsbescheinigungen oder auf zerknüllte Servietten gekritzelt, aber das war mir egal.

Zu dieser Zeit war ich schon verliebt. Oder zumindest bildete ich mir das ein. Und irgendwann war es so weit, dass ich ihn einfach sehen musste, um ihm zu berichten, wie mein Tag gelaufen war, meinen Frust über die Modewelt bei ihm abzuladen – aller Anfang ist schwer – oder ihm von dem Roman zu erzählen, den ich gerade las.

Er hörte mir aufmerksam zu, dann redete er über die Vorzüge des Kampfsports, die Kraft der Gedanken, die Meister aus Fernost oder darüber, wie schnell sein Motorrad fuhr. Das waren seine Gesprächsthemen.

So ging das Ganze schon seit zwei Monaten zwischen uns hin und her, als er plötzlich verschwand. Es vergingen drei Tage, dann vier ... Sie erschienen mir wie eine Ewigkeit. Ángel und sein Verschwinden kamen mir wieder in den Sinn. Was, wenn sich das Ganze wiederholte?

Aber schließlich war ich inzwischen einundzwanzig und viel weltgewandter, und so beschloss ich, die Sache selbst in die Hand zu nehmen.

Vor dem Spiegel erprobte ich bis ins Detail einen betont lässigen Look und machte mich sorgfältig zurecht. Was auch immer mit Miguel los war, dieses Mal würde das Schicksal mich nicht ungekämmt erwischen. Das mag oberflächlich klingen, aber ich hatte erst kurz zuvor gelernt, dass es einem Sicherheit verleiht, wenn man sich hübsch fühlt.

Das Schicksal kann deine Gegenwart beeinflussen und über deine Zukunft entscheiden, aber es kann nicht dein Aussehen beherrschen. Das liegt allein in deiner Macht.

Zum ersten Mal stieg ich die Treppen hinauf, die mich von Miguel trennten. Ich war nie zuvor in seinem Stockwerk gewesen! Ich fühlte mich wie Livingstone oder Marco Polo bei der Erkundung unbekannter Regionen.

Als ich an der Tür klingelte, zitterte ich am ganzen Leib. Obwohl es nur ein paar Sekunden dauerte, bis er mir öffnete, kam es mir vor wie eine Ewigkeit.

Gerade wollte ich mir meine erneute Niederlage eingestehen, da ging die Tür auf und ein bleicher Mann mit dunklen Augenringen stand im Pyjama vor mir. Fast hätte ich ihn nicht erkannt.

Miguel war krank. Seit ein paar Tagen hatte er hohes Fieber und eine heftige Grippe. In der Woche zuvor hatte es viel geregnet, und bei seinen ständigen Fahrten mit dem Motorrad hatte er sich eine Erkältung eingefangen. Als ich ihn so in der offenen Tür stehen sah, schmolzen die letzten Bedenken in meinem Herzen dahin.

Warum nur schlummert in jeder Frau, ganz gleich, ob sie siebzehn oder dreiundfünfzig ist, der Mutter- und Beschützerinstinkt?

Was er mit seinen Gedichten, Blumen und Bitten nicht erreicht hatte, das brachten ein Virus, eine laufende Nase und ein schrecklicher Husten zustande. Ich machte ihm eine heiße Brühe, wie ich das von meiner Mutter kannte, und flößte sie ihm ein, während er im Bett lag, ich las ihm Artikel aus seinen Martial-Arts-Zeitschriften vor und versprach sogar, mit ihm zum Chinesen essen zu gehen, sobald er wieder gesund wäre.

Zwei Wochen später umarmten wir uns im Hauseingang und küssten uns zum ersten Mal.

Ich erinnere mich noch genau an das dämmerige Treppenhaus, die Stille, die Angst, die Alte aus dem dritten Stock könnte uns erwischen … und an unsere Lippen, die in einem langen, leidenschaftlichen Kuss miteinander verschmolzen.

Von da an trafen wir uns täglich. Es war so einfach! Wir wohnten im selben Haus. Wir aßen zusammen zu Abend, liebten uns und schliefen Arm in Arm in seinem oder meinem Bett ein … Ich ging nur von der Arbeit nach Hause und von dort zu Miguel. Ich sah ihn häufiger als meine eigene Familie. Meine Freundinnen begannen sich zu beschweren, weil ich wochenlang nichts von mir hören ließ.

In meiner Glückseligkeit darüber, dass ein so schöner Mann mich beachtet hatte, bemerkte ich nicht, dass er nach und nach ein Netz um mich spann. Und als ich es bemerkte und mich bewegen wollte, war ich gefangen.

Mein Tagesablauf richtete sich ganz nach Miguels Zeitplan, und wir hatten uns angewöhnt, alles gemeinsam zu machen. Mehr noch: Das, woran Miguel keinen Spaß hatte, wurde sofort aus meinem Kalender gestrichen.

Plötzlich hatte ich das Gefühl, nicht mehr atmen zu können. Trotzdem war ich nicht so leicht bereit mir einzugestehen, dass unsere Beziehung nicht funktionierte.

Mein Miguel, der so schön war, so sanft und zärtlich …

Wenn ich ihm gut genug war, warum sollte er dann nicht gut genug für mich sein? Ich redete mir ein, am Anfang einer Beziehung sei es ganz normal, dass man so aneinander hänge, und wir würden schon noch früh genug von unserer Wolke herabsteigen und einander Raum lassen. Warum also sollte ich nicht noch ein wenig länger diese leidenschaftlichen Momente ungestörter Zweisamkeit genießen?

Mein ganzes Leben hatte ich darauf gewartet, den Mann fürs Leben zu finden! Die Freundinnen und die Familie konnten warten …

Doch bald konnte ich nicht mehr leugnen, dass ich mich beengt fühlte, und so schlug ich ihm vor, unseren Radius zu erweitern, uns auch mal mit anderen zu verabreden und mehr zu unternehmen. Ich wollte seine Freunde kennenlernen und ihm meine vorstellen. Ich sagte ihm, es wäre gut, wenn jeder von uns mal mit seinen Arbeitskollegen ausginge.

Aber das kam bei Miguel gar nicht gut an. Ich weiß noch, wie sich bei diesen Worten seine Miene verdüsterte, wie sein Körper sich verkrampfte. Und dann fing er an, mir heftige Vorhaltungen zu machen. Ich traute meinen Ohren nicht. Der reizende Miguel, der mir die Tür aufhielt, um mich vorzulassen, der mir die Einkäufe hochtrug und mir meinen Lieblingsnachtisch zubereitete … hatte sich plötzlich in ein fremdes Wesen verwandelt, das mich anschrie und beleidigte.

Ein paar Tage redeten wir kein Wort miteinander.

Aber nachdem ich mehrmals Gedichte in meinem Briefkasten gefunden hatte, sagte ich mir, dass selbst der Klügste sich mal irren kann und jeder eine zweite Chance verdient. Miguel bat mich tausend Mal um Entschuldigung. Er war sanft und fügsam wie ein Lamm.

Also dachte ich, alles sei vergessen und vergeben, und beschloss, wieder mehr unter die Leute zu gehen, ohne deshalb auf seine Gesellschaft zu verzichten. Ich traf mich mit meinen alten Schulfreundinnen, verabredete mich nach der Arbeit mit Kollegen und veranstaltete ein paar Partys bei mir zu Hause. Natürlich fragte ich Miguel immer, ob er dabei sein wollte. Oder besser gesagt: jemanden, der aussah wie er, denn er war nicht mehr der Miguel, den ich kannte.

Wenn andere dabei waren, brachte er es fertig, stundenlang schweigend in der Ecke zu sitzen, nur um mir ein schlechtes Gewissen zu machen. Von dem freundlichen, sanften Mann, den ich kennengelernt hatte, war nichts mehr übrig. Dabei ließ er mich nicht aus den Augen. Ich schob alles auf seine Schüchternheit.

Nach jedem Treffen löcherte er mich mit Fragen und unterzog mich einem hochnotpeinlichen Verhör: »Wer ist dieser Typ?«, »Woher kennst du ihn?«, »Warum bist du mit ihm befreundet?«, »Hattet ihr mal was miteinander?«

Anfangs – warum sollte ich es leugnen? – war ich so dumm, mich sogar geschmeichelt zu fühlen: Mein Freund hielt mich für so attraktiv und interessant, dass er glaubte, jeder andere Mann müsse verrückt nach mir sein. Seine Eifersucht füllte mein verwundetes kleines Herz mit Selbstwertgefühl.

Aber dieses Hochgefühl hielt nicht lange an. Schon bald wurden aus seinen Fragen Behauptungen: »Dieser Typ starrt dich zu viel an«, »Hast du nicht gesehen, wie er dir in den

Ausschnitt geschielt hat?«, »Das sieht doch jeder, wie vertraut du mit ihm bist, klar ist da mal irgendwas gelaufen, mir kannst du nichts vormachen.«

Und ein paar Tage später ging er von den Behauptungen zu Befehlen über: »Sag diesem Idioten, er soll nie wieder bei dir anrufen!«, »Ich will nicht, dass du ihn grüßt, wenn du ins Büro kommst!«, »Wenn ich ihn erwische, wie er um dich herumscharwenzelt, polier ich ihm die Fresse!«

Wir alle durchleben unterschiedliche Phasen. Goya hatte eine sehr düstere Zeit und blieb trotzdem immer noch Goya. Und so schloss ich, dass Miguel sich in einer Krise befand. Ich musste Geduld mit ihm haben, so wie er zu anderen Zeiten Geduld mit mir haben würde. Die Situation wurde langsam unerträglich, aber ich entschied, ihm noch eine Frist zu gewähren. Zwei Monate. Wenn er sich bis dahin nicht änderte, dann würden wir weitersehen.

Allerdings fühlte ich mich in der Haut der neuen Alexis mit meinem wiedergewonnenen kulturellen und sozialen Leben inzwischen sehr wohl. Ich sagte mir, dass ich bei aller Geduld mit meinem Liebsten nicht auf die wiederentdeckten Freunde und Hobbys verzichten musste. Es war nichts Schlimmes dabei, mit meinen Kollegen auf eine Party zu gehen oder mit meinen Schulfreundinnen ein neues Restaurant zu entdecken.

Manchmal spürte ich, dass es Miguel lieber gewesen wäre, ich wäre langweilig und unglücklich als glücklich und attraktiv. Dieses Gefühl gefiel mir ganz und gar nicht. Wenn man jemanden liebt, will man dann nicht, dass er Spaß hat und das Beste aus sich macht?

Und dann ging eines bösen Tages alles ganz schnell. Schlag auf Schlag. Ich verstehe bis heute nicht, was genau geschah, aber plötzlich wurde mir klar, dass es so nicht weitergehen konnte.

Wir waren seit gut einem Jahr zusammen, aber manchmal sah ich uns nicht als ein Liebespaar Anfang zwanzig, sondern als ein verknöchertes altes Ehepaar. Eines von denen, die schon so lange zusammen sind, dass sie fast vergessen haben, wie es war, als sie sich kennenlernten, und die schon so lange gemeinsam durchs Leben gehen, dass sie sich sogar äußerlich ähneln.

Unmöglich, zu sagen, wo der eine aufhört und der andere anfängt.

Ich weiß noch, dass es Winter war, weil ich meinen roten Mantel und eine Kaschmirwollmütze trug, die mir meine Schwester zum Geburtstag geschenkt hatte. Meine Kollegen hatten vorgeschlagen, nach Feierabend zu einer sensationellen Fotoausstellung zu gehen. Da konnte ich nicht Nein sagen! Ich konnte nicht, und ich wollte nicht.

Kurz und gut: Wir machten uns auf den Weg zu der Galerie. Sie war neu, in einem wunderbaren nordischen Design gestaltet, und es waren eine Menge interessanter Leute da. Nichts konnte weiter entfernt sein von Miguels Welt voller Chinarestaurants und Kampfkunstshows …

In der Eile hatte ich vergessen, Miguel Bescheid zu sagen. Aber selbst wenn ich daran gedacht hätte, hätte er meinen Vorschlag mitzukommen sowieso abgelehnt. Welchen Grund hätte er haben sollen, mich an solch einen Ort zu begleiten?

Welchen Grund? Nichts leichter als das! Um mich zu bewachen!

Wir waren noch keine fünf Minuten auf der Ausstellung, als er aufkreuzte. Wie zufällig. Ich verschluckte mich fast an der Cocktailkirsche des Drinks, den sie zur Vernissage servierten. Was tat er hier? Er kam auf mich zu, als wäre es das Normalste der Welt, küsste mich und legte mir den Arm um die Taille. Und dann ließ er mich zwei Stunden lang nicht mehr los. Es war, als wären wir zusammenbetoniert. Wie üblich gab er keinen Mucks von sich, und natürlich zeigte er nicht das geringste Interesse am Werk des Fotografen.

Aber dieses Mal wirkte er nicht, wie andere Male, völlig verschüchtert. Er strahlte etwas Aggressives, Besitzergreifendes aus, wie ein Löwe, der sein Revier markiert. Was im Übrigen völlig überflüssig war, da es im Raum nur Frauen und design- und modeverrückte Schwule gab.

Auf dem Nachhauseweg – wir gingen natürlich Hand in Hand – nahm ich all meinen Mut zusammen und fragte ihn, wie es ihn dorthin verschlagen habe. Er antwortete, er sei zufällig bei der Galerie vorbeigegangen, um zu sehen, welche Ausstellung es diese Woche gebe.

In dem Moment hörte ich nicht nur eine Alarmglocke, bei mir schrillten alle Sirenen. Und dieses Mal hörte ich darauf.

Zum ersten Mal wurde mir bewusst, dass Miguel mir nachspionierte. Um mich zu wehren, beschloss ich, es ihm in gleicher Münze heimzuzahlen und ihn meinerseits zu beobachten. Und zwar nicht aus Interesse oder Besessenheit wie er, sondern zu meinem Schutz.

Bald fand ich heraus, dass er mir mit dem Motorrad folgte, wenn ich zur Arbeit ging. Damit nicht genug: Er saß den ganzen Tag in einem Café gegenüber meinem Büro und wartete darauf, dass ich herauskam. Jetzt verstand ich, warum er erzählt hatte, dass er in letzter Zeit weniger verdiente.

In mir erwachte die Cruella de Vil, die wir alle in uns tragen, und ich verlängerte meinen Arbeitstag bis spät in die Nacht hinein. Seither bin ich davon überzeugt, dass die Arbeit eines Privatdetektivs – ganz im Gegensatz zu dem, was die meisten Leute glauben – todlangweilig ist.

An diesem Tag wurde mir klar, dass unsere Beziehung gescheitert war.

Tapfer stellte ich mich der Perspektive, wieder allein zu sein, und beschloss, dass diesmal ich diejenige sein würde, die spurlos verschwand. Ich sprach mit meinen Freundinnen, die des Paschas, den ich zum Freund hatte, mehr als überdrüssig waren, und während Miguel auf Botentour war, packten wir meine Habseligkeiten. Heute bräuchte ich für einen Umzug einen Möbelwagen und drei Wochen. Aber damals genügten drei Freundinnen, um alles zusammenzupacken und mich in meine neue Bleibe zu bringen, den Loft einer Bekannten.

Im letzten Augenblick, als ich die Tür abschließen wollte, überkam mich meine innere Jane Eyre. Jedenfalls sagten das meine Freunde. Ich hingegen glaube, dass mich die Erinnerung an Miguels erstes Lächeln und Ángels schmerzliches Schweigen überkam.

Ich nahm ein paar Blütenblätter der ersten Rosen, die uns zusammengebracht hatten, steckte sie mit einer Nachricht in einen Umschlag und warf diesen in seinen Briefkasten. Die Nachricht lautete:

»Ich hoffe, dass der geflügelte Bote das nächste Mal ins Schwarze trifft und einen Blumenstrauß mit dem für dich bestimmten Herzen bei dir abliefert.«

12

MAN KOMMT IMMER IRGENDWOHIN

Alexis hatte das Gefühl, dass in der Stille der Berge die Stunden wie im Flug vergingen. Sie hatte sich lange am Teich der weisen Fische ausgesprochen, dieses Mal über ihre zweite gescheiterte Liebe. Es war ihr egal, ob der Einsiedler sie vom Eingang der Höhle aus belauschen konnte, denn obwohl sie ihn kaum kannte, hatte er etwas Vertrauenerweckendes.

Als die Sonne im Zenit stand, schlug Jonás vor, im Schatten des Stupas etwas zu essen. Er hatte dort eine Mahlzeit für sie vorbereitet: Brot, Olivenöl, getrocknete Tomaten und ein wenig Bergkäse.

»Wo nimmst du das alles her?«, fragte Alexis, während sie den Berghang hinunterstieg, an dem die Höhle lag. Inzwischen bewegte sie sich viel sicherer; allmählich waren ihr die unerforschlichen Pfade vertraut.

»Das ist unwichtig«, erwiderte er, offenbar nicht bereit, sein Geheimnis preiszugeben. »Wichtig ist, dass es nicht mehr regnet, dass wir gesund sind und ein schattiges Plätzchen und etwas zu essen haben. Was kann man mehr verlangen?«

Die schlichte Logik des Einsiedlers war überwältigend. Dennoch wandte Alexis ein:

»Selbst wenn hier Brot und Käse zwischen den Steinen wachsen würden, kann ich nicht für den Rest meines Lebens hierbleiben. Verstehst du? Ich muss zurück nach Hause. Ich habe einen Job.«

Jonás sah sie schweigend aus seinen hellblauen Augen an, als wolle er sagen: Und was hält dich zurück?

»Glaubst du, wenn ich von dem Plateau mit dem Stupa aus immer bergab gehe, werde ich irgendwo hinkommen?«, fragte Alexis.

»Ganz bestimmt«, antwortete er lächelnd. »Man kommt immer irgendwo hin. Außerdem bist du frei.«

»Ich bin frei«, wiederholte Alexis ein wenig traurig.

»Möchtest du nicht das Orakel konsultieren, bevor du gehst? Bestimmt arbeiten die weisen Fische schon an einer Antwort, die in dir selbst liegt.«

»Ich möchte schon, aber das würde bedeuten, dass ich den Rest des heutigen Tages und die nächste Nacht hier verbringen und morgen früh wieder zur Höhle hinaufsteigen müsste. Glaubst du, dass die Fische wieder eine Figur legen werden?«

»Ganz sicher werden sie das tun. Jeder neue Tag bringt dir eine neue Antwort.«

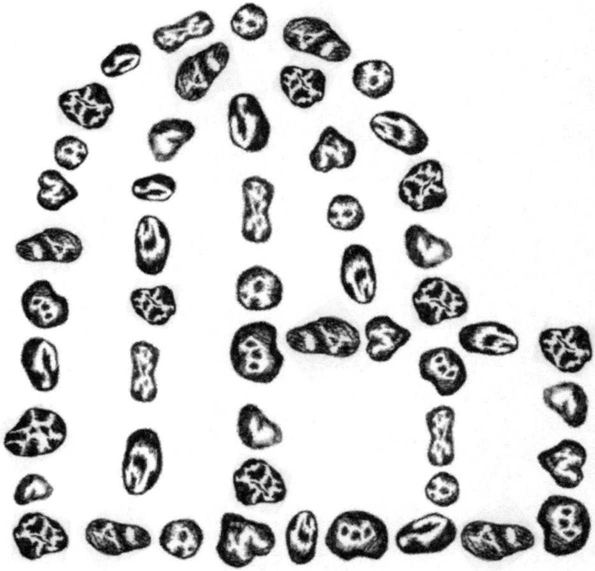

13

DIE LIEBE IST EIN OFFENER KÄFIG

Alexis musste mehrmals in die smaragdgrüne Tiefe des Teiches blicken, um zu erkennen, dass das Muster der Steine dieses Mal an einen offenen Vogelkäfig erinnerte.

Sie war im ersten Morgenlicht nach einem warmen Frühstück, das Jonás vor ihrer Hüttentür abgestellt hatte, zur Höhle hinaufgestiegen. Wann schlief dieser Mann? Wie schaffte er es, selbst auf ihre kleinsten Wünsche einzugehen?

Während sie noch einmal die Kiesel am Grund des Teiches betrachtete, dachte sie, dass der Einsiedler vielleicht jetzt gerade schlief. Um den Korb so zeitig bei ihr abzustellen, hatte er in den frühen Morgenstunden aufstehen müssen.

Die Morgensonne lockte sie hinaus aus dem Dämmerlicht der Höhle. Draußen stieß sie auf den

Eremiten, der sie sogleich fragte: »Haben meine Schützlinge gute Arbeit geleistet?«

»Sie haben sich richtig Mühe gegeben.«

»Und wie lautet ihre Botschaft?«

»Dazu solltest du zuerst wissen, was die Frage war«, entgegnete Alexis lächelnd. »Gestern habe ich ihnen die Geschichte meiner zweiten Liebe erzählt, des ersten Mannes, mit dem ich zusammen war. Er war bereit, mir alles zu geben – außer meiner Freiheit.«

Jonás überlegte einen Moment, bevor er etwas sagte. Die Sonne ließ seine Augen noch heller erscheinen, bis sie fast durchsichtig wirkten.

»Ein Alles ohne Freiheit wird zu Nichts.«

»Das war mein Fehler: Ich habe mir das Einzige nehmen lassen, was uns mit dem Leben geschenkt wird. Aber ich war jung und naiv. Damals wusste ich noch nicht, dass die Liebe ein offener Käfig ist.«

»Du redest wie ein Philosoph«, sagte der Einsiedler verwundert.

»Das musst du gerade sagen …«

»Bei mir ist das nichts Besonderes. Ich kümmere mich seit Jahren um die Fische. Die Pilger haben mir ihre Probleme erzählt, und ich habe ihnen geholfen, das Orakel zu deuten. So lernt man unwillentlich immer etwas dazu.«

Der stille, freundliche Mann weckte Alexis'

Neugier. Zu gerne hätte sie gewusst, wie es ihn in diese Berge verschlagen hatte, wer ihm den Teich der weisen Fische gezeigt hatte und wie er hinter das Geheimnis des Orakels gekommen war. Und auch praktischere Fragen trieben sie um: Woher bezog er die Lebensmittel? Und wo lebte er?

Als hätte er ihre Gedanken erraten, zeigte Jonás auf den Pfad, der bergan führte, und schlug vor:

»Wollen wir zum Gipfel hinauf? Es ist gar nicht weit.«

Gemächlich stiegen die beiden bis zu einem Punkt, von dem aus man einen weiten Blick über die Landschaft hatte. Oben angekommen, hielt Alexis Ausschau nach den Spalten, durch die das Tageslicht auf den unter ihnen liegenden Teich fiel. Doch noch bevor sie sie entdecken konnte, zeigte Jonás auf einen grauen Streifen am Grund einer Schlucht, die jenseits des Stupas lag.

»Siehst du das da? Das ist eine Landstraße. Wenn du zügig gehst, kannst du sie in weniger als zwei Stunden erreichen.«

»Warum willst du, dass ich gehe?«, fragte sie gekränkt. »Ich habe noch ein paar komplizierte Geschichten für das Orakel. Ich sehe ein, dass ich dir viel Arbeit mache ... Willst du mich deshalb loswerden?«

Jonás legte ihr väterlich den Arm um die Schulter und sagte: »Nur du weißt, wann der Augenblick gekommen ist, zu gehen. Bis es so weit ist, werde ich dafür sorgen, dass es dir an nichts fehlt.«

»Dann lad mich heute zu dir zum Abendessen ein«, sagte Alexis in einer plötzlichen Eingebung. »Ich will den Abend nicht allein in der Hütte verbringen.«

»Wie du willst. Ich wohne nicht weit von hier, ganz in der Nähe des Teiches. Dort habe ich mir unter einem Felsvorsprung eine kleine Hütte gebaut. Sie ist viel weniger komfortabel als deine und hat keine Tür. Wenn es kalt wird, ziehe ich immer in die Hütte, in der du gerade wohnst.«

»Du lebst in einem Haus ohne Tür?«

»Ja. In einem offenen Käfig, wie du gesagt hast. Das Gute daran ist, dass man vom Bett aus die Sterne sehen kann.«

♥ 14 ♥

REISENDE SOLL MAN NICHT AUFHALTEN

Mein Herz hat die ungeraden Jahre nie gemocht. Mit siebzehn fand ich Ángel, meine erste Liebe, und verlor ihn wieder. Als ich gerade einundzwanzig geworden war, traf ich Miguel, den ich für den Mann meiner Träume hielt und der zu meinem Kerkermeister wurde. Deshalb hatte ich, als ich die dreiundzwanzig Kerzen meines Geburtstagskuchens ausblies, nur einen einzigen Wunsch: das Lebensjahr so zu beenden, wie ich es begonnen hatte, nämlich allein und ungebunden.

Ich durchlebte eine Phase beinahe vollkommenen Glücks und hatte Angst, wieder ins Straucheln zu geraten und das Gleichgewicht zu verlieren. Nach mehreren unbezahlten Praktika in verschiedenen Unternehmen hatte ich endlich eine Stelle als Designerin gefunden, die alle Buchstaben enthielt, die ein guter Job haben sollte: ein G wie Gehalt, ein V wie Vertrag, ein F wie feste Arbeitszeiten und ein U wie Urlaub. Und noch dazu in der Modebranche.

Nicht einmal in meinen kühnsten Träumen hätte ich mir ausgemalt, dass ich einmal in einer solchen Firma arbeiten würde: einem aufstrebenden multinationalen Modeunternehmen, das seine neuen Ideen im In- und Ausland vermarkten wollte.

Ich hatte mich durch einen kleinen Spalt in dieses Paradies gezwängt und wollte keinen Zweifel daran aufkommen lassen, dass ich mir meinen Platz verdient hatte. Tatsächlich war ich durch familiäre Kontakte an den Posten gekommen, aber allein die Tatsache, dass ich die Tochter des Hausarztes des Geschäftsführers war, sicherte mir nicht automatisch meine Arbeitsstelle. Im Gegenteil: Ich musste mich des in mich gesetzten Vertrauens als würdig erweisen.

Im Übrigen stand ich in der kreativen Hierarchie des Unternehmens ziemlich weit unten und war gerade mal die Assistentin des Trendscouts.

Fest entschlossen, meine Eignung für diesen Job zu beweisen, opferte ich meine gesamte Zeit der Arbeit. Meine wenigen freien Stunden verbrachte ich in meinem Heim, dem wunderbaren Loft.

Wie sehr vermisse ich diese Wohnung! Noch heute glaube ich, dass derjenige, der sie entworfen hatte, dabei an mich gedacht hatte, ohne mich zu kennen, und dass dieser nahezu wandlose Raum nur darauf gewartet hatte, von mir gemietet zu werden.

Dieser Loft war ein einziger hoher, lichtdurchfluteter Raum mit freigelegten Deckenbalken in einem alten Fabrikgebäude. Nur sechs Auserwählte durften dort wohnen. Kaum hatte mir Silvia, eine Journalistin, die ich kaum kannte, von dem Gebäude erzählt, wusste ich, dass ich dort einfach einziehen musste. Sie bewohnte mit ihrem Freund das Erdgeschoss, drei deutsche Doktoranden den ersten Stock, und sie waren auf der Suche nach einem vertrauenswürdigen Mieter für das oberste Stockwerk, eine Art Designmansarde.

Fünf Stunden später stand ich vor dem Tribunal, das entscheiden sollte, ob ich würdig sei, mit ihnen gemeinsam diese kantige Arche Noah zu bewohnen.

Das war vielleicht ein irres Vorstellungsgespräch! Sie stellten mir alle möglichen absurden Fragen, angefangen von meiner Lieblingsmusikgruppe darüber, ob ich lieber Nylon oder Baumwolle mochte, bis hin zu der Frage, ob ich meinen Toast lieber mit oder ohne Butter aß, ob ich lieber in der Wüste oder auf dem Meeresgrund bestattet werden wollte oder wen ich mehr liebte, meine Mutter oder meinen Vater.

Sie wollten weder eine Gehaltsabrechnung noch meinen Personalausweis sehen, aber ich musste ihnen zeichnen, wie ich mir das Paradies vorstellte, musste ihnen ein in meiner Familie gehütetes Kochrezept verraten und ein Gedicht schreiben, das in einer Sturmnacht gelesen werden konnte.

Wie sehr vermisse ich diese Zeit! Ich frage mich, was aus diesen schrägen Vögeln geworden ist. Mit meinen Anfang zwanzig stieg ich zu ihnen ins Boot, und wir legten ein Stück Weg gemeinsam zurück. Das Letzte, was ich gebrauchen konnte, war eine Liebe, die in diese helle, glückliche Welt *einbrach. Damals habe ich gelernt, dass die Liebe immer dann kommt, wenn wir sie am wenigsten erwarten.*

In den Zeiten meines Lebens, in denen ich hoffnungsvoll oder verzweifelt auf Partnersuche war, hat sich nie jemand blicken lassen. Als ich aber beim Ausblasen der Kerzen den Wunsch aussprach, sie möge mir fernbleiben, beschlossen die Götter, mein Flehen nicht zu erhören.

Wenn du keine Liebe willst, musst du jedem, der sich dir nähert, mit Misstrauen begegnen, aber das wusste ich damals nicht. Ich rechnete damit, dass mir die Liebe in Gestalt eines Gleichaltrigen über den Weg liefe – nach Möglichkeit ein hübscher Kerl, obwohl ich nach dem Adonis, den ich zuvor zum Freund gehabt hatte, bereit war, auf dieses Detail zu verzichten. Ich war überzeugt, es würde jemand aus der Modeszene sein oder zumindest jemand, der sich für Kunst oder Literatur interessierte. Er würde auf einem Fest oder bei einem von einer Freundin arrangierten Blind Date, bei einer Vernissage oder in einem Meeting mit neuen Kunden auf mich lauern.

Das Letzte, womit ich rechnete, war, dass ich ihm in einem Englischkurs im British Council begegnen sollte.

Wie eine naive kleine Schülerin verliebte ich mich in den Lehrer. Ich weiß, das ist eine alte Geschichte, aber mir passierte das zum ersten Mal. In der Schule war ich nicht mal in den Turnlehrer verknallt gewesen, obwohl alle meine Klassenkameradinnen für ihn schwärmten.

Hals über Kopf verfiel ich einem Mann, der sechzehn Jahre älter war als ich. Und zu meiner Rechtfertigung kann ich nicht mal anführen, dass er hübsch gewesen wäre oder jünger ausgesehen hätte! Anthony, so hieß der Teacher, war stolz darauf, in seinem Leben noch nie ein Fitnessstudio betreten zu haben. Das Bäuchlein, das sich unter seinen stets schwarzen Hemden wölbte, war der beste Beweis dafür.

In der ersten Stunde schrieb er seinen Vor- und Nachnamen, seinen Geburtstort, sein Alter und seine E-Mail-Adresse an die Tafel. Als Musterschülerin schrieb ich brav alles in mein Heft, ohne zu ahnen, dass ich das alles einmal auswendig wissen würde.

Anthony war neununddreißig, kam aus Dublin und hatte mit fünfundzwanzig seine Heimat verlassen, um überall auf der Welt Englisch zu unterrichten. Tatsächlich hatte er, wie er uns erzählte, Veterinärmedizin studiert, dann aber beschlossen, Sprachlehrer zu werden, weil man mit diesem Beruf besser herumreisen konnte.

Zwei Dinge hatten ihn schon als Kind fasziniert: Tiere und das Sammeln von Stempeln in seinem Reisepass. Nach Beendigung seines Studiums vor die Wahl gestellt, wie es weitergehen sollte, beschloss er, erst einmal zu reisen; seiner anderen Leidenschaft könnte er auch später noch frönen, wenn er auf die Fünfzig zuging.

Seit seinem Weggang aus Irland hatte er an privaten und öffentlichen Schulen in Thailand, Japan, Kenia, Polen und Chile unterrichtet und Menschen zwischen drei und sechzig Jahren beigebracht, Yes und I love you zu sagen.

Zwei Jahre zuvor hatte ihn die Liebe nach Barcelona verschlagen. Es war eine schwierige Beziehung gewesen, ein Verhältnis mit der Ehefrau eines französischen Diplomaten, die er in Nairobi kennengelernt hatte. Aber nun war sie vorbei. Welches träumerische junge Mädchen hätte einer solchen Lebensgeschichte widerstehen können?

Ich jedenfalls nicht. Und ich glaube, er erkannte das, kaum dass ich den Klassenraum betrat. An diesem Tag goss es in Strömen, und ich war direkt von der Arbeit gekommen. Wir hatten eine wichtige Präsentation gehabt, die Vorführung unserer neuen Kollektion, und ich hatte keine Zeit mehr gehabt, nach Hause zu gehen und mich umzuziehen.

Selbst wenn ich es wollte, könnte ich das Kleid, das ich an jenem Nachmittag trug, nicht vergessen. Auf Anthonys Wunsch zog ich es einmal im Monat an, immer zu unserem Gedenktag am 27., um ihn daran zu erinnern, wie wir uns kennengelernt hatten.

Tatsächlich landeten wir, als wir unseren Tag das erste Mal feierten, angezogen unter der Dusche, weil er mich bat, so auszusehen, wie er mich das erste Mal gesehen hatte. Ein Oberteil aus schwarzer Gaze, so nass, dass es mir am Körper klebte und mehr zeigte als verbarg. Ein ebenfalls schwarzer Rock, glänzend und mit einer Reihe Pailletten gesäumt, die Meereswogen darstellen sollten. Genau das Richtige also für den Unterricht.

Was auch immer aus den anderen Kursteilnehmern geworden sein mag, sicherlich erzählen sie immer noch ihren Freunden samstagabends beim Essen von der Frau, die zum Englischkurs kam wie Aschenputtel zu ihrem ersten Ball.

Eines muss ich zugeben: Mein Teacher verstand es, dafür zu sorgen, dass er und andere ihren Spaß hatten, und ma-

gische Momente für mein persönliches Erinnerungsalbum zu zaubern. Momente, die mich heute noch lächeln und tagträumen lassen.

All das wusste ich am ersten Tag nicht, aber etwas muss ich geahnt haben. Anthony weckte in mir ein gewisses Interesse. Und da er sehr geduldig war, hegte er dieses Gefühl sorgfältig.

Eines Tages ließ er aus seinem Terminkalender wie zufällig ein Foto fallen, das ihn bei einer Fotosafari in Afrika zeigte. Ein anderes Mal zeigte er ein Lesezeichen mit der Zeichnung einer Landschaft in Patagonien. Heute erscheint mir das alles so offensichtlich, dass es fast lächerlich ist. Aber damals war ich noch sehr naiv und sehnte mich danach, interessante Menschen mit einem aufregenden Leben kennenzulernen.

Und genau das schien mein Englischlehrer zu sein.

An dem Tag, an dem er Shakespeare aus dem Gedächtnis zitierte, eroberte er endgültig mein Herz.

Der Kurs dauerte nunmehr schon zwei Monate. Es war ein Kurs für Fortgeschrittene, und Verben und Präpositionen hatten wir längst hinter uns gelassen. Wir sahen Filme, schrieben Essays über unsere Berufe, diskutierten über europäische Politik und die Fernsehnachrichten.

Als ich an jenem Dienstag den Klassenraum betrat, war ich ganz und gar nicht darauf vorbereitet, durch die Zeit zu reisen und mich als Julia wiederzufinden. Natürlich hatte Anthony für sich die Rolle des Romeo vorbehalten. Es war nicht zu übersehen, dass ich ihm gefiel. Als wir die Szene zu Ende gespielt hatten, gab es keinen Balkon mehr, der uns hätte trennen können, und wäre er auch noch so hoch gewesen.

Ich weiß noch, dass ich Schmetterlinge im Bauch hatte, als ich nach Hause kam. Ich berief eine innere Notstandssitzung ein, und das Urteil meines Lieblingstribunals lautete einstimmig: In diesem Jahr wird dein Geburtstagswunsch, Single zu bleiben, nicht erfüllt. Jedenfalls nicht, wenn es nach mir ging.

Zur gleichen Zeit erzählte Anthony in einem irischen Pub einem Arbeitskollegen, dass er eine neue Julia gefunden habe. Natürlich dachte er, wie mir später klar wurde, nicht im Traum daran, ihr ewige Liebe zu schwören. Dafür war er nicht geschaffen.

Er wusste genau, welchen Eindruck er auf mich gemacht hatte, und so schickte er mir am nächsten Tag eine Mail und schlug vor, am Freitag darauf gemeinsam ein Gospelkonzert im romantischen Garten des Kulturzentrums zu besuchen.

Im Schutze einer hohen Hecke knutschten wir heftig wie zwei Teenager. Unsere Seelen flogen mit den schwarzen Spirituals davon, während seine Hände unter meinen Kleidern auf Erkundungstour gingen. Als perfekter Meister des Timings zog er sie just in dem Augenblick von meinen intimsten Stellen zurück, als ich auf Hundert war, und verschränkte sie keusch mit meinen, während wir uns auch ohne Worte einig waren.

Von da an gehörten die Freitage und Samstage uns. Drei Jahre lang unternahmen wir zahllose Ausflüge in die Dörfer der Umgebung und entdeckten verborgene Winkel der Stadt, die nicht einmal ich gekannt hatte. Anthony kochte alle nur erdenklichen Gerichte der internationalen Küche für mich. Und an grauen Tagen wurde mein Loft zu unserer Zuflucht: Dort verbrachten wir viele Stunden, vor aller Welt verborgen.

Im wahrsten Sinne des Wortes.

In den ersten Monaten maß ich dem Ganzen keine Bedeutung bei. Nach einer Beziehung wie der mit Miguel, mit dem kein Gespräch möglich gewesen war, sog ich die Erfahrungen meines irischen Liebhabers auf, als würde ich mich mit edelstem Champagner berauschen. Ich hatte tausend Fragen, und er gab bereitwillig Auskunft, auch wenn er dafür manchmal schwindeln musste.

Dieser weltgewandte Mann hatte für alle meine Probleme einen Rat oder eine praktische Lösung bereit. Fasziniert nutzte ich jede Sekunde, die wir zusammen verbrachten.

Nachdem wir uns geliebt hatten, lagen wir mit einem Atlas in meinem Bett unter der Decke, und er erzählte mir von seinen Reisen. Da ich außerhalb meiner Arbeit nicht viel herumgekommen bin, sind die Leute immer überrascht, was ich alles über die Massai oder die Giraffenhalsfrauen weiß, wie gut ich den Fudschijama beschreiben oder einen Pisco Sour zubereiten kann, nach dem man sich die Finger leckt. Das alles habe ich den drei Jahren mit Anthony zu verdanken.

Jeden Sonntagmorgen verabschiedete sich Anthony mit der Begründung, er müsse seinen Unterricht für die kommende Woche vorbereiten. Und dann sah ich ihn erst in seiner Verkleidung als Lehrer im Schulraum wieder. Zwei Stunden lang taten wir so, als würden wir uns kaum kennen …

Ich habe mich oft gefragt, ob die anderen Schüler etwas merkten. Jung und verliebt, wie ich war, hätte es mir nichts ausgemacht, unsere Liebe in die Welt hinauszuposaunen.

Aber Anthony sträubte sich dagegen. Am Ende des ersten

Kurses hatten wir genau deshalb unsere erste große Krise. Er beharrte darauf, dass es nicht gern gesehen wurde, wenn ein Lehrer sich mit einer viel jüngeren Schülerin einließ. Obwohl ich volljährig war, könnte ihn das seinen Job kosten.

Ich beschloss also, den Kurs nicht fortzusetzen. Durch meine Zeit in London war mein Englisch ziemlich gut, sodass ich keinen weiteren Unterricht brauchte, erst recht nicht jetzt, da ich am Wochenende meinen Privatlehrer hatte.

In meiner Verblendung dachte ich, nun, da dieses Hindernis beseitigt sei, könnten wir unsere Liebe öffentlich machen. Ich wollte Anthonys Freunde kennenlernen, die er mir bislang nicht hatte vorstellen wollen, weil sie Lehrer waren wie er. Jetzt, da ich nicht mehr seine Schülerin war, sprach ja nichts mehr dagegen, das glaubte ich zumindest.

Doch er fand immer wieder Ausflüchte, warum es gerade nicht passte.

Das Gleiche, wenn es darum ging, meine Freunde kennenzulernen. Die sagten zwar nichts, aber ich glaube, sie verdächtigten mich irgendwann, meinen Freund nur erfunden zu haben.

Dieser merkwürdige Schwebezustand dauerte fast zwei Jahre an, bis mir die Ausrede vom Altersunterschied oder davon, was die Leute über uns sagen würden, irgendwann nicht mehr genügte. Das Thema ließ mir keine Ruhe, und ich zerbrach mir den Kopf darüber, wie ich ihm Informationen entlocken könnte.

Es kam mir seltsam vor, dass wir in all der Zeit nie einen Mittwoch oder einen Sonntagnachmittag zusammen verbracht hatten. Warum sahen wir uns immer nur freitags oder sams-

tags? Ich wusste, dass Anthony seine Freiheit und seinen Freiraum eifersüchtig hütete, aber warum hatte ich ihn noch nie in seiner Wohnung besuchen dürfen?

Tatsächlich habe ich nie erfahren, in welcher Straße er genau wohnte. Und unsere Sommerurlaube verbrachten wir immer getrennt. Er sagte mir, das sei viel besser, denn so würden wir uns hinterher wieder mehr aufeinander freuen. Wir brannten darauf, uns wiederzusehen und uns alles zu erzählen, was wir auf unseren Reisen erlebt hatten.

Anfangs kam mir das sehr gelegen, weil ich völlig in meiner Arbeit aufging. Aber mit der Zeit wurde mir diese unkonventionelle Beziehungsroutine unerträglich.

Anthony war weiterhin eine wunderbare Erfahrung, aber ich wollte diese Erfahrung tagtäglich erleben. Auch wenn sie dadurch, wie er einwandte, einiges von ihrem Glanz verlieren würde. Aber wenn er mich so sehr anbetete, wie er sagte: Warum wollte er dann nicht das Gleiche? Irgendwie passte das für mich nicht zusammen, und wieder einmal quälte ich mich, indem ich mir das Schlimmste vorstellte.

Vielleicht war er verheiratet, und ich konnte ihn deshalb nicht zu Hause besuchen. Oder vielleicht hatte er eine andere Freundin, die am Wochenende arbeitete, und wir konnten uns nur freitags und samstags sehen, weil er den Rest der Woche mit ihr verbrachte. Vielleicht aber war er auch zu der Frau des französischen Diplomaten zurückgekehrt, und sie trafen sich heimlich an den Tagen, an denen ihr Mann nicht zu Hause war.

Was, wenn ich nur ein ahnungsloser, flüchtiger Zeitvertreib war?

Eine Krisensituation erfordert radikale Maßnahmen. Kurz vor unserem dreijährigen Jubiläum – ich war mittlerweile ein Vierteljahrhundert alt – beschloss ich, dass ich eine verbindlichere Beziehung wollte. Ich hatte ja nicht vor, ihn meinen Eltern vorzustellen oder um seine Hand anzuhalten. Ich wollte einfach bloß mit ihm zusammenleben und mit ihm und unseren Freunden ausgehen.

Auch eine Reise von tausend Kilometern beginnt mit einem Schritt, hat ein chinesischer Philosoph einmal gesagt. Und es gibt Männer, denen dieser erste Schritt Angst macht. Wenn Anthony mit seinen über vierzig Jahren noch nie mit einer Frau zusammengelebt und sich nie auf eine feste Beziehung eingelassen hatte, gehörte er ganz offensichtlich zu jener verfluchten Spezies.

Also beschloss ich, den ersten Schritt zu tun. Einen gewaltigen Schritt.

Unter der Woche kaufte ich alles, was ein Mann nach meiner Vermutung so im Alltag brauchte. Ich klapperte die Kaufhäuser ab und erstand einen Männerpyjama, mehrere Unterhosen, zwei Hemden und ein Paar Jeans, alles in bester Qualität. Dann ging ich in eine Parfümerie und kaufte Rasierklingen, sein Lieblingsrasierwasser und eine Zahnbürste.

Die Krönung, so dachte ich, sollte jedoch die Küche sein. Im Internet suchte ich verschiedene irische Gerichte heraus, besorgte die Zutaten und stellte mich an den Herd. Ich kaufte zwei große Weltkarten, rahmte Fotos von allen Ländern ein, die er bereist hatte, und von allen Orten in der Umgebung, die wir besucht hatten. Die hängte ich überall in der Wohnung auf.

Als Anthony an diesem Freitag zu mir kam, war ich sicher,

wenn er meine Vorbereitungen sähe, würde er nie wieder weggehen. Endlich hatte ich den Mann gefunden, mit dem ich den Rest meines Lebens verbringen würde, und ich wusste genau, dass er in ein paar Minuten ebenso empfinden würde.

Sein Gesichtsausdruck war unbeschreiblich. Nicht dass ich ihn vergessen hätte, das wäre unmöglich, aber es gibt keine Worte, die ihn schildern könnten, jedenfalls keine, die ich kenne.

Er sah völlig panisch aus, wie ein in die Enge getriebenes Stück Wild. Kurz darauf verschwand er unter einem billigen Vorwand.

An diesem Abend aß ich meine Suppe, ein irisches Nationalgericht, für mich allein, gewürzt mit meinen Tränen.

Anthony war beim Anblick der Bilder fürchterlich erschrocken. Beim Blick in die Speisekammer war ihm das Blut in den Adern gefroren. Und als er die Zahnbürste im Bad entdeckte, hätte er beinahe laut aufgeschrien. Aber was ihn endgültig in die Flucht schlug, waren die Hausschuhe und der Pyjama auf seiner Seite des Betts.

Einige Wochen lang hörte ich nichts von ihm. Meine Anrufe und Nachrichten blieben unbeantwortet. Schließlich schickte er mir eine kurze Mail, dass er seine Versetzung zum British Council in Helsinki beantragt habe. Während seine Möbel und Habseligkeiten ans andere Ende Europas reisten, war er für einen kurzen Break nach Irland zurückgekehrt. Zum Abschied wünschte er mir viel Glück.

Dieser Schlag ins Gesicht machte mir klar, dass es eine Männerkrankheit gibt, die »Bindungsangst« heißt, und dass ich ein Talent dafür hatte, sie zu verursachen.

15
GEMEINSAM EINSAM

Jonás hatte nicht übertrieben: »Hütte« war für seine Behausung noch geschmeichelt. Sie bestand aus einem Felsüberhang, der als Dach diente, einer Pritsche und einer winzigen Küche und blickte auf den Bergkamm, an dessen Fuß die Landstraße verlief.

Nach dem Abendessen machten sie es sich auf ein paar Kissen auf dem Boden bequem. Der Sternenhimmel bildete die Wand. Eine dünne Wolldecke über den Schultern schützte Alexis vor der kalten Nachtluft.

»Ist diese Landstraße viel befahren?«, fragte sie.

»Nein, sie wird kaum genutzt. Manchmal vergehen Tage, ohne dass ich ein einziges Auto zu Gesicht bekomme.«

»Na, da hast du mir ja einen tollen Tipp gegeben, als du sagtest, ich solle einfach die Straßen nehmen. Soll ich etwa verhungern und verdursten, während ich auf dem Weg nach *Irgendwo* bin?«, scherzte sie.

Jonás füllte zwei Gläser mit Wein, dann antwortete er bedächtig: »Auch das ist vorgesehen. Wenn deine Zeit zum Aufbruch gekommen ist, werde ich dir ein *Survival kit* zurechtmachen.«

»Was meinst du mit *auch*? War sonst noch etwas vorgesehen?«

Der Einsiedler leerte sein Glas und schwieg so lange, bis Alexis es nicht mehr ertrug.

»Wer steckt hinter all dem, Jonás? Ich bin gar nicht entführt worden, oder? Und die junge Frau, die den Buick gefahren hat – wer war sie?«

»Ich kenne sie nicht. Wen interessiert das auch? Du bist wegen des Fischorakels hier. Das ist das Einzige, was zählt. Die Fische wissen alles über die Irrungen der Liebe.«

Alexis war überrascht, dass der Wächter des Teichs gerade jetzt die Liebe erwähnte, wo sie allein waren mit nichts weiter als einem Dach über dem Kopf, dem Sternenhimmel im Hintergrund und einem einzigen Bett.

Wie mochte das Liebesleben eines Mannes im mittleren Alter aussehen, dessen Dasein darin bestand, sich um einen Schwarm Fische und gelegentliche Pilger zu kümmern, die sich in diese Berge verirrten – oder gewaltsam hierher verschleppt wurden wie sie?

Alexis hielt sich für eine immer noch attraktive Frau. Welche Gefühle mochte sie in ihm wecken?

Vom Alkohol angeregt, bekam sie plötzlich Lust, den Einsiedler in Versuchung zu führen, zu sehen, wie weit sie gehen konnte. Sie legte ihren Arm um seine Hüfte und sagte:

»Der Wein ist zu stark für mich. Kommst du mit ins Bett?«

»Geh du alleine. Ich werde auf diesen Kissen schlafen.«

»Das musst du nicht«, hauchte Alexis. »Das Bett ist groß genug für uns beide. Gefalle ich dir etwa nicht?«

Jonás sah sie schweigend aus weit geöffneten Augen an. Sie spürte, wie sein Blick sie durch das Halbdunkel hindurch eindringlich musterte in dem Versuch, sie zu verstehen. Etwas, was nicht einmal ihr in den letzten sechsunddreißig Jahren gelungen war.

»Gute Nacht«, sagte sie schließlich, um ihn aus seiner Gedankenversunkenheit zu reißen. »Ich werde mich ganz schmal machen, für den Fall, dass du dein Bett doch benutzen willst.«

16

EMOTIONALE KURZSICHTIGKEIT

Der Wein und die erotische Spannung im Gespräch mit Jonás bewirkten, dass Alexis die ganze Nacht kein Auge zutat.

Am nächsten Morgen schämte sie sich für ihr Verhalten und schwor sich, den Kontakt mit dem Einsiedler von nun an auf die Gespräche über die von den Fischen gelegten Symbole zu beschränken. Obwohl sie allmählich immer leichter in den Kieselsteinen zu lesen verstand, schätzte sie die scharfsinnigen Bemerkungen des Mannes.

Dieses Mal war das Muster schwerer zu deuten als die anderen. Auf dem Grund des Teiches lagen viel weniger Kieselsteine als zuvor, als hätten die Fische sich die Mühe gemacht, sie an die Seite zu räumen.

Zuerst erkannte sie nur zwei Striche, von denen

der untere auf einem rechten Winkel auflag. Alexis musste lange nachdenken, bis sie erkannte, dass es sich um einen Pfeil handelte, der nach dem Aufprall auf einen ungewöhnlich harten Gegenstand zerbrochen war.

Jonás, der kurz darauf die Höhle betrat, stimmte ihrer Deutung der Beziehung zu Anthony zu.

»Der Pfeil – und mit ihm mein Herz – ist gebrochen, weil ich ihn auf den falschen Mann abgeschossen habe«, erklärte sie. »Den Iren trifft keine Schuld. Er hat mir immer deutlich gezeigt, wie er ist. Ich habe ihn bloß anders sehen wollen.«

»Das nennt man emotionale Kurzsichtigkeit«, sagte Jonás. »Normalerweise sehen wir das, was in der Ferne liegt, viel deutlicher als das, was wir direkt vor unserer Nase haben. In all deinen Jahren mit Anthony wolltest du ihn nicht sehen, wie er wirklich war, sondern hast nur das Bild wahrgenommen, das du dir von ihm gemacht hattest. Deine Erwartungen waren wie ein Filter, der deine Sichtweise verzerrte. Hättest du den Mut gehabt, ihn so zu sehen, wie er war, hättest du dich vielleicht gar nicht für ihn entschieden, oder zumindest hätte seine Reaktion dich nicht enttäuscht.«

Alexis dachte über diese klugen Worte nach. Dann platzte es aus ihr heraus: »Hör mal ... Wie kommt es, dass du so viel über die Liebe weißt? Du bist doch so eine Art Mönch, oder?«

»Sagen wir, ich bin eine einsame Seele.« Er lächelte wehmütig. »Es macht mir Spaß, die Fische zu füttern und den Pilgern zu helfen, ihr Herz zu heilen. Verstehen heißt heilen.«

»Aber was ist mit dir?«, wagte sie zu fragen. »Hast du nicht manchmal das Bedürfnis, nicht nur alle diese Geschichten zu hören, sondern selbst zu lieben?«

»Das tue ich – auf meine Weise.«

»Ich weiß schon, dass es tausend Arten gibt zu lieben. Ich meine aber, jemanden aus Fleisch und Blut zu lieben, einen Mann oder eine Frau wie mich. Oder willst du dich nur interessant machen?«

»Ich höre gerne zu, das ist alles. Und die weisen Fische ebenfalls. Hast du nicht noch eine Geschichte für sie?«

17

WENN DIE TROMMELN FÜR DICH SCHLAGEN

Ein arabisches Sprichwort sagt: »Wenn du mich das erste Mal betrügst, ist es deine Schuld. Beim zweiten Mal ist es meine Schuld.« Dieses Sprichwort steht in meinem Kalender, seit ich mit Abel Schluss gemacht habe, einem Schlagzeuger, der so viel Rhythmusgefühl hatte wie ein Salsa tanzender Sibirier.

Jeweils zum ersten Januar weihe ich meinen neuen Terminkalender mit einem bestimmten Ritual ein. Dazu gehört, dass ich dieses Sprichwort in das Kästchen schreibe, das für den ersten Januar vorgesehen ist. Seine Botschaft ist ja eigentlich eindeutig, aber ich habe drei Jahre einer hoffnungslosen Beziehung gebraucht, um sie zu begreifen!

Aber lieber spät als nie, wie es so schön heißt. Im Nachhinein bin ich froh über die Lektion, die ich unter Schweiß und Tränen gelernt habe.

Erst wenige Monate zuvor war Anthony, mein persönlicher Peter Pan, nach Helsinki entschwunden, verschreckt vom Damoklesschwert der Zukunft, das ich über seinen Kopf gehängt hatte.

Im Gegensatz zu den vorhergehenden gescheiterten Beziehungen litt ich diesmal nicht lange, obwohl wir drei Jahre zusammen gewesen waren. Ich weinte weniger als die anderen Male. Nicht dass ich meine Tränen jemals zählen würde. Ich habe Freundinnen, die nach jeder Liebeskatastrophe eine Strichliste der verheulten Tage erstellen und eine Rangliste ihrer Exfreunde nicht etwa danach erstellen, wie gut sie im Bett waren, sondern danach, wie viele Tränen sie sie gekostet haben.

Ich fand diese Art der Therapie noch nie gesund oder hilfreich.

Ehrlich gesagt trauerte ich am wenigsten um den älteren, bindungsscheuen Englischlehrer, an den ich drei Jahre meiner Jugend verschwendet hatte. Ich hatte ihn gedrängt, sich endlich zu unserer Beziehung zu bekennen, weil ich den Schwebezustand satthatte, in dem wir uns befanden, und hatte damit das Ende mehr oder weniger bewusst provoziert.

Rache ist ein Gericht, das am besten kalt genossen wird. Ich muss gestehen: Wenn ich mir den Winter in seiner neuen Heimat vorstellte, empfand ich eine gewisse Schadenfreude, und das war Balsam für meine wunde Seele. Seine Flucht, so schien mir, war Strafe genug.

Ich bin nie in Helsinki gewesen, aber ich denke mir, dass das Leben dort hart ist. Die Tage sind kurz, die Sommer flüch-

tig, und die Sprache soll fünfzehn verschiedene Fälle haben und schrecklich schwer sein.

Noch heute stelle ich mir manchmal meinen Teacher *vor, wie er mit beiden Händen eine Suppentasse umfasst und durch das Fenster einer winzigen Wohnung nach draußen schaut. Die Straßen sind leer, und alles ist tief verschneit. So würde er wochenlang herumsitzen, ohne das Haus verlassen zu können, und könnte zum Zeitvertreib nur entweder mit dem Finger Kreise auf die beschlagenen Fensterscheiben malen oder dem Geschrei der vom Wodka betrunkenen Nachbarn lauschen, das durch den Innenhof des riesigen Wohnblocks in Plattenbauweise zu ihm herüberdringt. Als Strafe für seine feige Flucht musste Anthony im abgelegensten, tristesten Viertel Helsinkis gelandet sein.*

Kalte Rache hin und her – bald spürte ich, dass ich bereit war, einen neuen Versuch zu wagen. Ich wollte endlich die harmonische, dauerhafte Liebe finden wie einige meiner Freundinnen, die schon von Gästelisten und Hochzeitsterminen sprachen. Und obwohl ich erst siebenundzwanzig war, stand der dreißigste Geburtstag bereits drohend am Horizont wie eines jener Sommergewitter, die man schon Stunden vorher kommen sieht.

Dieses Mal war ich fest entschlossen, dem Zufall keine Chance zu geben, seine dreckige Schnauze in mein Leben zu stecken. Er hatte mir bis dahin schon genug Ärger gemacht, und es war nicht zu übersehen, dass sich dieses launische Geschöpf nicht gerade durch seinen Scharfsinn auszeichnete. Anstatt mir zu helfen, schien er sich in den Kopf gesetzt zu haben, meinem Glück im Wege zu stehen.

Ein Physiker hat mal gesagt, dass Gott mit uns würfelt. Und so beschloss ich, dieses Mal auf den Rat meiner Freundinnen zu hören, die sich mit diesem Spiel auskannten, und die Würfel zu zinken.

Um die Liebe zu finden, die ich suchte, wurde ich zur Direktorin für Werbung und Marketing in eigener Sache. Ich startete eine Kampagne: Ich war zu haben, und das ließ ich alle Welt wissen. Alle Welt, die Geschmack hatte, natürlich.

Zum Glück gibt es immer zuverlässige Geschlechtsgenossinnen, Frauen, die dir aus Solidarität bereitwillig bei der Suche nach deinem Traumprinzen helfen. Und das, ohne eine andere Belohnung zu erwarten als ein gerührtes »Danke schön« oder, wenn alles glattgeht, einen Ehrenplatz an deiner Hochzeitstafel.

Ich war mehr als bereit, diesen Preis zu zahlen, und so fragte ich in meinem weiblichen Bekanntenkreis herum, wer mir helfen könne. Unter meinen Bekannten sind auch mehrere Schwule. Auch wenn das wie ein Klischee klingt: Die Modewelt ist voll von ihnen.

Sie haben Geschmack und finden manchmal einen Mann, der es wert ist. Aufgrund ihrer Sensibilität können sie anderen tief ins Herz sehen und erkennen, wer mehr als ein paar heiße Nächte oder einen netten Sommer verspricht. Das Problem bei diesen wunderbaren Freunden ist nur: Wenn sie Single sind, machen sie dir deine Beute streitig!

Abel, meinen vierten Freund, traf ich bei einem Blind Date. Eine Freundin, die als Tontechnikerin bei einem Radiosender arbeitete, hatte ihn kennengelernt, als er ein Probetape seiner

Band vorbeibrachte. Er hatte sie zwar nicht überzeugen können, seine Lieder zu spielen, aber sie hatten sich lange unterhalten, und sie hatte ihn abgecheckt, bis sie der Meinung war, er sei der ideale Mann für mich.

Sie kannte mich und meinte es gut mit mir, also beschloss ich, ihr zu vertrauen, als sie mir versicherte, wir seien »wie füreinander geschaffen«.

Sie nahm mich mit zu einem seiner Auftritte, und ich fand ihn sehr attraktiv in seinem Träger-Shirt, wie er schwitzend und nicht ganz im Gleichtakt mit der Band sein Schlagzeug bearbeitete.

Nach dem Konzert sagte ich mir, vielleicht von meinem zweiten Gin Tonic beschwingt, dass ich bereit sei, ihm in den Abgrund zu folgen wie ein Lemming.

Ich weiß nicht, was ihn so attraktiv erscheinen ließ. Die Macht der Scheinwerfer? Der so genannte »Bühneneffekt«? Es heißt, dass auch der kleinste Mann auf der Bühne wächst, bis er wie ein NBA-Spieler aussieht.

Auch wenn ich ihn zuletzt gehasst habe, weiß ich noch sehr genau, welchen Eindruck er anfangs auf mich machte. Ich hatte den Raum gemeinsam mit meiner Freundin betreten. Wir kamen zu spät, und das Konzert hatte schon angefangen. Der Saal war heruntergekommen und nur spärlich beleuchtet.

Just in diesem Moment fiel das Licht eines Scheinwerfers auf Abel, der ein wildes Solo mit Hihats und Trommeln hinlegte. Wie schnell er die Sticks wirbeln ließ! Er versprühte so viel Leidenschaft …

Obwohl ich ihn noch nicht kannte, war ich entschlossen,

ihn zu mögen, und redete mir ein, wie cool es sei, ein Verhältnis mit einem Künstler zu haben. Als ich dann mit ihm zusammen war, liebte ich es, wenn er mir von der Bühne herab Blicke zuwarf, mit denen ich vor den Freundinnen angeben konnte, die mich begleiteten.

Aber das war's auch schon mit dem Glamour. Die Auftritte fanden immer in irgendwelchen Spelunken statt, die Freunden gehörten, in Kulturzentren, im Dorf seiner Eltern, sogar im Gemeindesaal meiner Kirche! Und das auch nur, weil ich den Pfarrer überredet hatte, sie bei einer Spendengala zugunsten von UNICEF spielen zu lassen.

Sie nahmen etwa siebzig Euro ein.

Zu den Auftritten kamen nur die Angehörigen der Bandmitglieder und einige aufopferungsbereite Freunde. Und selbst wir ertrugen die verstimmten Gitarrenakkorde und unrhythmischen Beats nicht lang. Alle zwanzig Minuten mussten wir rausgehen und frische Luft schnappen.

Ich habe geschworen, es nie jemandem zu erzählen, aber das ist jetzt schon so lange her, dass es nicht mehr darauf ankommt: Lorena, die Schwester meines Liebsten, fing an zu rauchen, damit sie einen Vorwand hatte rauszugehen.

Erwähnenswert ist auch der Name der Gruppe: Ladillas Flambeadas *– die Flambierten Filzläuse. Es war schon peinlich genug, zuzugeben, dass dein Freund Schlagzeuger bei dieser Band war, aber noch schlimmer wurde es, als sie T-Shirts machen ließen, auf denen dieser geschmacklose Namen in einer Größe von mindestens 106 Punkt quer über die Brust geschrieben stand!*

Ich trug das T-Shirt nur zu den Konzerten und zog es anschließend sofort aus, angeblich, weil ich mir etwas darübergeschüttet hatte. Abel war so sehr mit seinem Auftritt beschäftigt, dass er mich nie fragte, wieso ich jedes Mal ein Ersatz-T-Shirt dabeihatte.

Dabei kostete es mich schon gewaltige Überwindung, während der schier unerträglichen anderthalb Stunden, die die Konzerte dauerten, mit dem Shirt herumzulaufen. Drei lange Jahre trug ich es treu und brav zu jedem Konzert. Ich wusch es unzählige Male: mit der Kochwäsche, mit Bleichmittel, mit der dunklen Wäsche … Doch das verdammte T-Shirt war einfach nicht kaputt zu kriegen. Die Filzläuse widerstanden allen meinen subversiven Techniken.

Sie hielten wacker durch bis zu dem Tag, an dem ich beschloss, den Trommelfellzerstörer zu verlassen. Das Erste, was ich tat, nachdem ich mit ihm Schluss gemacht hatte, war, zum Schrank zu gehen, das T-Shirt herauszuzerren und in der Badewanne mit Brennspiritus zu übergießen. Dann zündete ich es an.

Damit waren die Filzläuse unwiderruflich flambiert.

Ich frage mich bis heute, wieso ich drei Jahre meines Lebens damit vergeudete, diesen Musiker – dem es an Selbstachtung ebenso sehr mangelte wie an Talent – durchzufüttern.

Während er auf den Ruhm wartete, der sich partout nicht einstellen wollte, widmete er sich ganz und gar der Musik. Er, der Liebling der Götter, war für einen Job mit festen Arbeitszeiten, wie ihn normale Sterbliche hatten, nicht gemacht. Er sah sich selbst als Nachtschwärmer und Kneipengänger. Während der ganzen Zeit, in der wir zusammen waren, habe ich nicht einmal erlebt, dass er vor zwölf Uhr aufgestanden wäre.

Gegen sechs wurde er dann munter, weshalb wir immer abends ausgingen. Für Restaurant- oder Kinobesuche kam selbstverständlich ich auf. Gab ihm jemand mal aus Mitleid ein bisschen Geld, ließ er dafür T-Shirts oder Sticker für seine verdammte Band drucken.

Darum schenkte er mir auch nie etwas zum Geburtstag oder zu Weihnachten. Allerdings versprach er mir unablässig, wenn er erst mal berühmt wäre, würde er als Allererstes den Mond kaufen und mir schenken – mit einer riesigen roten Schleife darum.

Und ich glaubte ihm. Vielleicht war es das, was mich so wütend machte. Man sagt, der Weg zur Hölle sei mit guten Vorsätzen gepflastert, und ich schwöre, die Hälfte von ihnen stammt von Abel. Er versprach mir, sich einen Job zu suchen, wenn er nicht innerhalb der nächsten sechs Monate Erfolg hätte. Dann war es ein Jahr, zwei, drei ...

Überflüssig, zu sagen, dass aus dem Job nie etwas wurde.

Zum Glück trat die Band nur selten auf, weil keiner sie hören wollte. Dafür probten sie umso fleißiger ... Ganze Nachmittage habe ich mit den Proben vergeudet. Die besten Tage meines siebenundzwanzigsten, achtundzwanzigsten und neunundzwanzigsten Lebensjahres gingen dahin, während ich in einer schallgedämpften Schuhschachtel saß und den Filzläusen lauschte, wie sie sich erbarmungslos stundenlang die Lunge aus dem Hals schrien.

Abel sagte mir, ich brächte ihm Glück, ich müsse in seiner

Nähe sein und Beifall klatschen, damit er bei den Proben motiviert sei. Mein Gott! Ich mag mir gar nicht ausmalen, wie er spielte, wenn ich nicht dabei war, wenn meine Arbeit mich zwang, diese vermaledeite Schuhschachtel zu verlassen …

Zuerst aus Liebe und später dann aus Pflichtgefühl wohnte ich mehr Proben bei als die Freundinnen der anderen Bandmitglieder zusammen – und sie waren zu fünft!

Die Liebe, oder das, was wir so zu nennen belieben, ist eindeutig blind. Und taub ist sie nach meiner Erfahrung auch. Anfangs hatte ich bei den Proben richtig Spaß, summte die Lieder mit, schlug mit dem Fuß den Takt. Und die Musik erschien mir geradezu himmlisch!

Ob das an dem Rauch der Joints lag, die sie in dem zweimal zwei Meter großen Probenraum unablässig drehten? Vielleicht.

Aber irgendwann kam der Tag, an dem nicht einmal die tausendfache Menge dieses Rauchs genügt hätte, mich weiterhin akustischen Halluzinationen hinzugeben. Und das war der Moment, in dem Abel, der Tyrann, die Bühne betrat: Als er merkte, dass meine Begeisterung nachließ und ich anfing, die Proben zu schwänzen, befahl er mir zu kommen. Und ich gehorchte, sanft wie ein Lamm.

Und als ob diese Stunden der Folter nicht genug wären, beschloss er, meine Qualen noch zu verlängern und in meine Wohnung zu verlegen. Er richtete sich bei mir zu Hause eine kleine Ecke als Probenraum ein und überredete mich, sie mit Eierkartons auszukleiden – wir aßen monatelang nichts anderes als Tortillas! –, um dort seine Soli üben zu können.

Am Anfang hielt ich das für einen genialen Einfall. So würden wir trotz meiner Arbeit mehr Zeit miteinander verbringen können. Wann immer ich nach Hause kam, war er da und dröhnte den Nachbarn die Ohren voll, nachdem er meinen Kühlschrank geplündert hatte.

Wenn ich einmal zu Hause blieb, weil ich krank war, bezog er, mit seinen Drumsticks bewaffnet, Posten neben meinem Bett. Und wenn ich ihn bat, das Schlagzeugspielen bleiben zu lassen, weil ich Kopfschmerzen hatte oder nicht die richtige Uhrzeit dafür war, trommelte er auf dem Metallrahmen meines Bettes weiter.

Sein Herz schlug einzig und allein für die Musik – dixit *Abel.*

Mit der Zeit erlebte ich einen Sinneswandel: Was ich anfangs für eine wunderbare Idee gehalten hatte, erwies sich nun als Riesenfehler.

Überflüssig, zu sagen, dass meine Ruhe und Ungestörtheit dahin waren.

Ich lernte, dass wir alle Freiräume und Zeit für uns brauchen. Es ist nichts Schlimmes dabei, ab und zu mal getrennte Wege zu gehen und unterschiedliche Hobbys zu pflegen. Mehr noch: Man sollte sich immer mal eine Zeitlang nicht sehen, damit man den anderen vermisst. All das hatte ich auf Abels Drängen hin aufgegeben, und nun hatte ich meinen Freiraum unwiderruflich verloren.

Eine Gewohnheit abzulegen ist sehr viel schwerer, als sie anzunehmen.

Wieso er seinen Probenraum bei mir einrichtete und nicht

in der Wohnung seiner Mutter, bei der er wohnte? Aus einem schwer zu widerlegenden Grund: Er führte an, dass Death Metal der Gesundheit einer Fünfundsiebzigjährigen mit Herzschrittmacher nicht gerade zuträglich sei. Im Grunde war Abel nämlich ein echter Nesthocker, und soviel ich weiß, hat sich das bis heute nicht geändert.

Aber mein Rückblick ist nicht ganz fair. Nicht alles mit Abel war schlecht. Zuerst ließ sich die Beziehung gut an. Zwischen Trommeln, Tomtoms und Becken verlebten wir ein paar schöne erste Monate. Wenn er nicht übte, hatte er alle Zeit der Welt für mich, etwas, was man von Anthony nicht hatte behaupten können.

Anfangs gefiel es mir, mit einem Musiker zusammen zu sein. Er war stets bereit, abends auszugehen und in irgendeiner Bar noch das vorletzte Bier zu trinken, ganz gleich, ob mit meinen Freunden oder seinen. Das hatte ich in meinen letzten Beziehungen so sehr vermisst! Außerdem war Abel jedermann auf Anhieb sympathisch. Er hatte viel zu erzählen und kam sofort mit allen ins Gespräch. Wir brauchten nur kurz auszugehen, schon hatten wir ein paar neue Bekannte. Er verkehrte mit den verschiedensten und verrücktesten Leuten. Und wenn man mit ihnen zusammensaß, konnte es passieren, dass irgendjemand das neueste Lied von Cigala anstimmte, während ein anderer auf dem Tisch den Takt dazu schlug. Sich mit ihm zu langweilen war unmöglich.

Und ich muss zu seinen Gunsten sagen, dass er mir völlig treu war. Wenn irgendein schwerhöriges Mädchen nach einem Konzert zu ihm kam, um ihm zu gratulieren, und dann ewig *bei ihm stehen blieb oder gar zu flirten anfing, zeigte er sofort auf mich, wie um zu sagen: »Das ist mein Mädchen.«*

Das gefiel mir gut.

Außerdem hatte er mir nie – wie er mir unzählige Male zu seiner Rechtfertigung anführte – einen Rosengarten versprochen. Er war offen und ehrlich.

Ich war diejenige, die immer wieder hoffte, dass er sich ändern würde. Vielleicht überschätzte ich mich einfach. Ich glaubte tatsächlich, ich könne ihn umkrempeln! Wie eine moderne Jeanne d'Arc meinte ich, ihn durch meine Liebe zu erlösen. Er würde seine schwarzen Augen öffnen und erkennen, dass es außer ihm und seiner Musik auch noch andere Menschen auf der Welt gab. Dass es mich gab. Ein Wesen, das ihn durchs Leben begleitete, seine Wäsche wusch, seine Marotten finanzierte.

Wenn ich ehrlich bin, wollte ich ihn nach meinem Geschmack formen. Aber doch nur zu seinem Besten! Mit knapp dreißig hatte er noch nie in die Rentenkasse eingezahlt, nie einen Arbeitsvertrag für länger als einen Monat gehabt. Wie sollte ihn da jemand ernst nehmen? Mit seinen kräftigen Armen war er nicht in der Lage, ein Ei aufzuschlagen, um sich eine Tortilla zu machen. Was würde er tun, wenn seine Mutter nicht mehr da wäre?

Natürlich sollte er seine guten Eigenschaften behalten – er war zärtlich und betete mich an –, aber seine Fehler sollte er ablegen. Unmöglich! Wenn ich von einem Pfirsich seine samtige Haut abschäle und seinen harten Kern entferne – ist es dann immer noch ein Pfirsich?

Und dann gingen mir eines Tages, wie das manchmal so ist, die Augen auf. Plötzlich wurde mir das Offenkundige klar: Abel würde sich niemals ändern. NIE. Selbst wenn ich den Rest meines Lebens auf diese Aufgabe verwandte.

Ehrlich gesagt tat es mir weh, mir meine Schwäche einzugestehen. Lange Zeit hatte ich geglaubt, das Ganze sei bloß eine Frage von Geduld und Liebe, bis ich endlich erkannte, dass ich nur noch Bedauern für ihn und Mitleid mit mir selbst empfand.

Es fällt uns schwer, unsere Grenzen anzuerkennen, aber was für eine Erleichterung ist es, wenn man es tut!

Ohne es zu wollen, hatte ich mein Schicksal mit dem seinen verknüpft. Ich hatte mich an ihn gebunden, um mich über die Leere in meinem Herzen hinwegzutäuschen. Dass ich ihn anfangs geliebt hatte, bedeutete nicht, dass ich für den Rest meines Lebens seine Phantastereien und Unzulänglichkeiten hinnehmen musste. Ich war nicht für ihn verantwortlich, und eine Mutter hatte er schon! Nachdem ich das akzeptiert hatte, war auf einmal alles viel leichter.

Der erste und wichtigste Grund, warum Abel sich nicht ändern würde, war, dass er es nicht wollte. Vielleicht war er auch gar nicht in der Lage dazu, aber auf jeden Fall war er stolz und zufrieden, so zu sein, wie er war. Es bedrückte sein Gewissen in keiner Weise, dass ich auf fast alles verzichtete, um ihm bei seinem lästigen musikalischen Unterfangen zur Seite zu stehen. Er war ja schließlich »Künstler«, da fand er es ganz normal, bei seiner Mutter zu leben und sich von mir seine Wünsche bezahlen zu lassen.

Wenn er sich nicht bemühte, seinen Absturz aufzuhalten, warum sollte ich mir dann die Mühe machen?

Außerdem kam irgendwann der Moment, in dem meine Ohren nicht mehr mitmachten. Ich hörte sein Getrommel selbst dann, wenn er schlief, und begann, an einer merkwürdigen Klaustrophobie zu leiden: Sobald ich seinen Probenraum betrat, brach mir der Schweiß aus, ich zitterte und hyperventilierte. Der Aufenthalt in diesem Raum verursachte mir Panik!

Ich musste diese Geschichte so schnell wie möglich beenden.

Außerdem näherte ich mich der schicksalhaften Drei-Jahres-Marke. Keine meiner Beziehungen hatte sie überschritten. Sollte gerade diese Beziehung die Marke knacken? War ausgerechnet sie unter all meinen Liebesgeschichten es wert, stolz als diejenige zur Schau getragen zu werden, die am längsten gedauert hatte?

Lieber würde ich sterben.

Andererseits mochte ich Abel wirklich gut leiden, und so legte ich es – wie ich zu meiner Schande gestehen muss – darauf an, dass er derjenige war, der Schluss machte. Wie in einer schlechten amerikanischen Komödie schmiedete ich unzählige Pläne, wie ich es anstellen könnte, dass er mich verließ.

Zu diesem Zweck rief ich alle meine Freundinnen zusammen. Einen ganzen Samstag lang berieten wir über die sicherste Methode, zu erreichen, dass er mir den ersehnten Tritt in den Hintern verpasste. Bei solchen Gesprächen wird einem klar, aus was für einem Holz die eigenen Freundinnen geschnitzt sind. Manchmal erschrak ich fast.

Eine ehemalige Schulkameradin schlug vor, es ihm mit gleicher Münze heimzuzahlen und ihn so lange zu quälen, bis er mich verließ: Warum entwickelte ich nicht eine unbezähmbare Leidenschaft für Oboe oder Trompete? Ich könnte Jazzmusikunterricht nehmen und immer dann zu Hause üben, wenn er da war. Vor allem frühmorgens, wenn Abel seinen Rausch ausschlief …

Eine andere Freundin ging noch weiter. Sie schlug mir vor, mit dem Sänger der Ladillas Flambeadas *ins Bett zu gehen, um Abel wütend zu machen. Man sagt ja, dass im Grund genommen alle Musiker einer Band gerne der Sänger wären. Aber diese Ehre wird immer dem zuteil, der die Band gründet, oder dem, der am besten aussieht. Die Teenager kleben sein Bild auf ihre Schulhefte. Sein Konterfei wird auf die T-Shirts gedruckt, und alle Fachzeitschriften wollen nur ihn interviewen. Wenn ich ihn also mit dem Kumpel betrügen würde, mit dem er sich die Nächte um die Ohren schlug, wäre das eine volle Breitseite auf seinen Stolz, die unsere Beziehung garantiert zum Kentern bringen würde.*

Natürlich war die Freundin, von der dieser Vorschlag kam, nie auf einem Konzert der Band gewesen. Andernfalls hätte sie gewusst, dass sie den Namen Flambierte Filzläuse *zu Ehren ihres Sängers trug.*

Er war unglaublich hässlich, und ich bezweifle, dass er wusste, was Duschgel ist: Er hatte eine Glatze, die dank der Fettschicht, mit der sie überzogen war, selbst im Dunkeln leuchtete. Und als wären das und die Tatsache, dass er fast fünfzig war, nicht schon Abschreckung genug, gab es überdies noch seine Frau. Das Weib war eine Mischung aus Brummifahrer und einem Reiter der Goldenen Horde.

Zwar hatte ich in letzter Zeit ziemlich unter Ohrenschmerzen zu leiden, aber das war mir immer noch lieber, als sie abgesäbelt zu bekommen.

Ich erwog das Für und Wider dieser und anderer Vorschläge, selbst der abwegigsten, doch keiner von ihnen überzeugte mich. Ich war immer ein ehrlicher Mensch gewesen, und das sollte sich nur wegen eines falschen Akkords zu viel nicht ändern.

Also kratzte ich meinen ganzen Mut zusammen und machte es auf die klassische Art: Wir trafen uns auf einen Kaffee auf neutralem Gebiet – weder bei mir zu Hause noch im Probenraum –, und ich sagte ihm, unsere Beziehung sei an einem toten Punkt angelangt, da wir nicht das Gleiche suchten. Irgendwo waren unsere Wege auseinandergegangen. Vielleicht würden sie sich irgendwann mal wieder kreuzen, aber erst einmal müssten wir unsere Träume getrennt verfolgen.

Er starrte mich mit glasigen Augen an, und ich war ein wenig frustriert. In diesem Augenblick wirkte er nicht besonders betroffen. Endlich sagte er, er wolle nicht, dass ich nur wegen unserer Trennung auf seine Musik verzichten müsse. Er wisse schließlich, dass ich sein größter Fan sei, und das könne ich ruhig weiterhin bleiben. Weder er noch irgendein anderer der Jungs hätten ein Problem damit, wenn ich im Probenraum oder bei den Konzerten vorbeischaute, wann immer mir der Sinn danach stand.

Ich wäre fast tot umgefallen. Wollte er mich auf den Arm nehmen?

Hastig stand ich auf, ging, ohne mich zu verabschieden, und schwor mir, in nächster Zeit nur noch klassische Musik zu hören. Wenigstens waren da die Komponisten alle tot, und ich musste ihre Macken nicht ertragen.

Monate später erfuhr ich, dass Abel doch ein wenig gelitten hatte. Nach unserer Trennung war er eine Zeitlang eher in sich gekehrt gewesen. Er zog sich in eine Hütte in den Bergen zurück, fernab der Welt, verließ die Filzläuse *und schrieb Liebeslieder.*

Das war eine völlig neue Stilrichtung für ihn, und er erwies sich darin als gar nicht so unbegabt. Ein Veranstalter, der einen romantischen Sänger vom Typ Pablo Abraira suchte, nahm ihn unter Vertrag. Zum ersten Mal im Leben hatte er ein festes Gehalt! Eines seiner erfolgreichsten Lieder trug offenbar den Titel Alexis.

Zum ersten und einzigen Mal in meinem Leben kann ich behaupten, jemandem als Muse gedient zu haben.

18

DER WÄCHTER

Das Orakel lieferte ihr den Schlüssel zu Situationen, die ihr vor ihrer seltsamen Entführung unverständlich gewesen waren.

Nachdem sie den Fischen von ihrer vierten gescheiterten Liebe berichtet hatte, war sie in der Höhle eingeschlafen, vielleicht wegen des hypnotischen Effekts der Lichtstreifen, die durch die Felsspalten fielen.

Als sie die Augen wieder öffnete, lag sie zusammengerollt da wie ein Tier, das versucht, seine Körperwärme zu halten. Eine dicke Decke war über sie gebreitet.

Wieder einmal war Jonás im richtigen Augenblick vorbeigekommen. Und er hatte gewartet, bis sie aufwachte. Er saß einige Meter von ihr entfernt im Schneidersitz, und seine blauen Augen blitzten auf, als sie ihn ansah. Eine Schale mit Suppe stand dampfend zwischen ihnen.

Alexis spürte, dass sie hungrig war, und warf ihrem Beschützer einen dankbaren Blick zu, während sie sich über die warme Mahlzeit hermachte.

»Du bist mir doch hoffentlich nicht böse?«, fragte sie, während sie auf die Suppe pustete, damit die abkühlte.

»Kein bisschen. Warum sollte ich?«

»Ich glaube, ich habe gestern Dinge gesagt, die sich für eine Schülerin ihrem Lehrer gegenüber nicht gehören.«

»Ich bin nicht dein Lehrer«, stellte er richtig. »Höchstens dein Dolmetscher. Das Spiel geht so: Du erzählst deine Geschichte, die Fische verrücken die Steine, ich helfe dir, ihre Botschaft in Worte zu fassen. Das ist alles. Übrigens: Hast du schon in den Teich gesehen?«

»Noch nicht. Ich muss die Nacht abwarten.«

»Nicht immer. Die Fische haben die Zeit genutzt, in der du geschlafen hast, um ihre Antwort zurechtzulegen. Es ist ein ganz einfaches Symbol. So einfach, dass ich nicht weiß, ob du es auf Anhieb erkennst.«

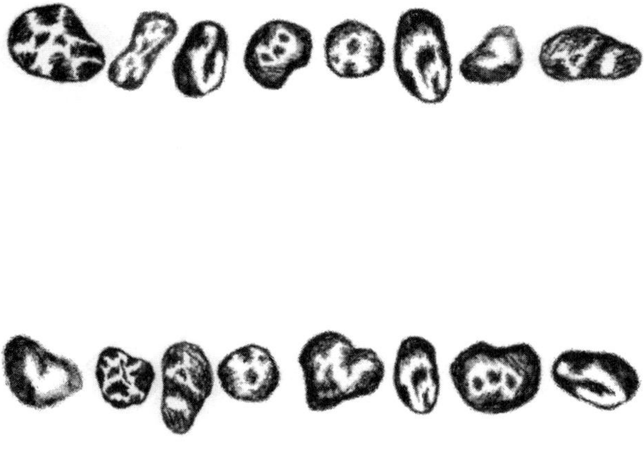

19

MÄNNER ÄNDERN SICH NICHT (UND FRAUEN AUCH NICHT)

»Es ist ein mathematisches Zeichen«, sagte Alexis. »Sogar ein sechsjähriges Kind könnte das verstehen. Es bedeutet *ist gleich*.«

»Genau. Aber was bedeutet es in Bezug auf deine vierte Geschichte?«

Alexis dachte einen Augenblick nach, dann erklärte sie: »Abel war ein netter Kerl, aber unreif. Ich habe lange vergebens darauf gewartet, dass er sich ändert.«

»Da hast du schon die Antwort gefunden!«, rief der Eremit aus. »Wie lautet also die Botschaft der Fische?«

»Ist gleich …«, murmelte sie. »Ab einem gewissen Alter bleiben die Männer gleich. Sie ändern sich nicht mehr, sosehr man sich auch bemüht, sie zu formen. Ist das damit gemeint?«

»Ganz bestimmt, aber eines sollte man noch hinzufügen: Auch die Frauen bleiben gleich, wenn sie einmal erwachsen geworden sind.«

Alexis nahm einen Schluck von der stärkenden Suppe, dann schloss sie: »Mein Fehler war also, jemanden ändern zu wollen, der nichts anderes sein konnte als das, was er war: ein kleiner Junge, dessen Träume zu groß waren, um sie zu verwirklichen. Du hast Recht, ich hätte schon vorher das Handtuch werfen sollen. Niemand ändert sich.«

»So krass würde ich das wiederum nicht formulieren. Mag sein, dass nur wenige Menschen sich ändern, doch wir alle besitzen die Fähigkeit dazu. Allerdings verändern wir uns nur aufgrund unserer persönlichen Entwicklung, nicht weil unser Partner es will. Die Männer – und auch die Frauen – sind nicht wie die Kieselsteine, die man nach Belieben hin und her schieben kann.«

Alexis stellte die Schale auf den Boden, stand auf und trat erneut an den Teich heran. Die Fische schwammen aufgeregt umher, als warteten sie auf eine neue Geschichte, um sie zu interpretieren, auf die Herausforderung, Jahre, Monate und Tage zu einem einzigen Zeichen zusammenzufassen.

Das war eine schwere Aufgabe, sagte sie sich. Vor allem für ein paar Fische, die, wenn keine Pilger da waren, nichts anderes zu tun hatten, als aufs Futter zu warten und aufzupassen, dass sie beim Umherschwimmen nicht zusammenstießen.

Alexis wandte sich zu Jonás um und bat ihn:

»Um die nächste Geschichte zu erzählen, wäre ich lieber allein, denn sie ist mir ziemlich peinlich. Treffen wir uns morgen früh wieder hier.«

»In Ordnung«, erwiderte Jonás lächelnd und stand auf. »Lass dir Zeit, die Fische kennen keine Hast.«

20

TANTRA

Dreißig zu werden war für mich eine kleine Katastrophe. Heute kommt mir das lächerlich vor, aber damals erschien es mir wie der Weltuntergang.

Es hieß Abschied nehmen von den schönen Zwanzigern, einem Jahrzehnt voller Freiheit und neuer Erfahrungen, voller Energie und Kreativität. Jahren, in denen ich erkannt hatte, dass die Mode mein Lebensinhalt war, und in denen ich ihr jede Minute gewidmet hatte. Ich hatte studiert und mich gleich darauf in die Arbeit gestürzt, hatte Freunde gefunden, die mir bis heute etwas bedeuten: Leute, die verrückt nach Stoffen und Schneiderpuppen waren wie ich.

Wir jagten immer den neuesten Trends hinterher, und Urlaub bedeutete für uns, unseren Zeichentisch an einem Fenster mit Blick aufs Meer oder in einem Appartement in Brooklyn aufzustellen. Wenn wir in ein Flugzeug stiegen, um zu den Modeschauen in Mailand oder Paris zu reisen, erregten wir jedes Mal Aufsehen: Die Kontrolleure verblüffte es, in unserem Handgepäck Maßbänder statt Gürtel zu finden und fest-

zustellen, dass unsere Necessaires bis oben hin mit Bunt- und Filzstiften vollgestopft waren. Sogar in unseren Gummistiefeln hatten wir Nadeln und Garnrollen versteckt.

Wir saugten die Vogue und Harper's Bazaar förmlich in uns auf. Wie Maschinen spuckten wir unablässig Muster, Projekte, Ideen, Träume und Phantasien aus und brauchten als Treibstoff nichts als unsere eigene Begeisterung. Wenn ich heute, nur ein paar Jahre später, mal zwei Nächte hintereinander keinen Schlaf bekomme, taugt mein Kopf höchstens noch als Hutständer!

Noch schlimmer aber war die Entdeckung, dass mein Körper, mein schöner, aus der Pubertät hervorgegangener Körper, den ich so liebgewonnen hatte, sich mit dreißig zu verändern begann. Nicht nur, dass ich nachts nicht mehr durchfeiern oder durcharbeiten konnte, dass mir die brutalen Jetlags oder Alkoholexzesse zunehmend zu schaffen machten – es ging auch unweigerlich bergab mit ihm.

Natürlich war mir klar, dass das nicht von heute auf morgen geschehen würde. Die ersten Zipperlein würden sich nicht einstellen, sobald ich die lächerlichen roten Kerzen in Form einer Drei und einer Null auf meinem Geburtstagskuchen ausgepustet hatte, und das erste graue Haar würde nicht sofort mit dem Auspacken der Geschenke auftauchen.

Aber machen wir uns nichts vor: Ich wusste, dass der Countdown begonnen hatte. Schon als junges Mädchen habe ich Raketen geliebt, weil sie mich an Ángel erinnerten, meine erste Liebe. Darum sah ich mir gerne Dokumentarfilme über die Starts in Cape Canaveral an. Wenn dieses mächtige stählerne Ungetüm gezeigt wurde, dachte ich jedes Mal: Unmöglich, dass so ein Ding fliegt! Dann begann der Kommentator, rückwärts zu zählen: 10, 9, 8, 7, 6 ..., und ich war immer noch sicher, dass die Rakete es nicht schaffen würde. Bis bei null die ganze Welt erbebte – so sah es zumindest im Fernsehen aus – und das Teil abhob.

Na ja, und mit dreißig fühlte ich mich wie eine dieser Raketen beim Countdown, nur dass bei mir der Niedergang heruntergezählt wurde, bis ich eines Tages verschwunden sein würde.

Denn im Grunde genommen geht es doch genau darum: dass man unsichtbar wird. Ich bin nie eine strahlende Schönheit gewesen, aber schlecht sehe ich auch nicht aus. Bis zu dieser Zeit hatte ich das hauptsächlich meinen Genen zu verdanken: Ich aß, worauf ich Lust hatte, und meine einzige sportliche Betätigung bestand darin, bei den Modeschauen hin und her zu rennen. Öfter bekam ich schmeichelnde Bemerkungen zu hören wie: »Wie ich dich beneide, Mädchen, du brauchst keine Modelle für die Abendkleider, die du entwirfst, du kannst sie selber tragen!« Oder: »Warum führst nicht du deine Kreationen auf dem Laufsteg vor statt dieser halb verhungerten Mädchen?«

Ich bin auf Schritt und Tritt von Schönheit umgeben. Die Kleider sind schön, die Models sind schön, und die Modenschauen und glamourösen Feste sind es ebenfalls. Deshalb wird mich der Verlust meiner Schönheit doppelt hart treffen: Alle Menschen und Dinge, die mir im Arbeitsalltag begegnen, werden mich an das erinnern, was ich einmal besaß. Denn seien wir mal ehrlich: Falten sind nicht schön, und Älterwerden macht keinen Spaß. Jedenfalls nicht in unserer Gesellschaft.

Vielleicht ist in anderen Kulturen das Alter eine Auszeichnung und steht für Weisheit. Aber nicht hier. Und ich lebe nun mal hier, in einer typischen Stadt der westlichen Welt.

Über all das hatte ich mir mit fünfzehn noch keine Gedanken gemacht und auch nicht mit dreiundzwanzig oder neunundzwanzig. Doch nun, mit dreißig, sah ich es glasklar.

Also beschloss ich, mir ein Umfeld zu suchen, das weniger oberflächlich war als die Modewelt, in der ich die letzten zehn Jahre gelebt hatte. Die verlorene Tochter beschloss, sich wieder der Familie und den Freundinnen von früher zuzuwenden.

O Graus! Mit einem Schlag brachen all die verlorenen Jahre in Form von glücklichen Ehen, schwangeren Frauen, Tupperpartys und Gesprächen über Kindergärten über mich herein. Auch hier war ich aus dem Spiel!

Wo ich auch hinsah, überall fühlte ich mich fehl am Platz. Und wenn man sich überall unwohl fühlt, bleibt einem nichts anderes übrig, als nirgendwo mehr hinzugehen, nicht wahr?

Mit gerade mal dreißig war ich eine einsame Seele, und meine einzigen Wege führten mich zur Arbeit und wieder zurück nach Hause: 23 Schritte bis zur Bushaltestelle, an der fünften Haltestelle aussteigen und 32 Schritte bis zu meinem Atelier. Von meiner Wohnung bis zum Supermarkt: 21 Schritte.

Ich stellte mir einen Fernseher neben das Bett und wurde Mitglied beim Buchclub und einem Online-Videoclub, um meinen Nachschub an Filmen und Büchern zu gewährleisten und die zweite Phase meines Singledaseins zu überleben. Meine Freundinnen waren zu achtzig Prozent verheiratet oder verlobt, meine Eltern waren sich selbst genug, und so igelte ich mich zu Hause ein, um niemandem zur Last zu fallen.

In diesen Monaten versuchten alle, die mich liebten, mir zu beweisen, dass ich nicht alleine war: Sie riefen an, schickten E-Mails und Blumensträuße, standen unangemeldet mit Pizza und Lambrusco vor der Tür, schickten mir Postkarten mit Musikuntermalung, unternahmen mit mir Wochenendausflüge und schenkten mir Gutscheine für Wellnesscenter. Ah, und nicht zu vergessen die Gemüsesuppe meiner Mutter, die ich schon als Kind heiß und innig geliebt habe und die in dieser dunklen Zeit ausnahmslos jeden Sonntag vor meiner Wohnungstür stand.

Doch dann, ein knappes Jahr später, kam ein Anruf meiner Freundin Carmen, der alles veränderte – oder zumindest glaubte ich das damals. Mein einunddreißigster Geburtstag stand kurz bevor, und sie wollte mir etwas schenken. Eigentlich war es ein Bestechungsgeschenk. Sie hatte gerade Zwillinge bekommen, die ihr nicht nur den Schlaf und die Freizeit raubten, sondern auch ihren Rücken ruiniert hatten. Und mir – so behauptete sie – würde es guttun, mal ein bisschen rauszukommen. Also hatte sie eine Lösung für uns beide gefunden, sozusagen zwei Fliegen mit einer Klappe geschlagen. Die Lösung bestand aus einem Pilateskurs mit einem Lehrer, der nach Aussage ihrer Schwägerin einfach phantastisch war und noch dazu erstaunlicherweise direkt bei mir um die Ecke unterrichtete.

Ich saß in der Falle. Wer sagt schon seiner besten, rückenschmerzgeplagten Freundin nein, zumal wenn es um zwei Stunden die Woche geht?

Als ich zur ersten Pilatesstunde ging, wusste ich ehrlich

gesagt nicht genau, was mich erwartete. Hätte man mir gesagt, wir würden einen Esperantokurs besuchen, wäre ich dort mit der gleichen Motivation und in der gleichen Kleidung aufgekreuzt. Ich weiß noch wie heute, dass ich eine labberige Jeans und ein T-Shirt mit Werbung für Tomatensuppen trug.

Wahnsinnig sexy.

In dieser Aufmachung sah ich mich einem Trupp von zehn Supermamis gegenüber, die allesamt jung und für den Anlass perfekt gekleidet waren. Sportklamotten und Turnschuhe nach der neuesten Mode. Geschminkt für den einzigen Ausgehtag in der Woche.

Natürlich fiel ich in der Gruppe auf wie ein bunter Hund. Wahrscheinlich wurde Juanjo, der rattenscharfe Kursleiter, genau deshalb auf mich aufmerksam. Kaum dass ich den Raum betreten hatte, warf er mir einen verschwörerischen Blick zu. Dass meine Freundin Carmen, wie ich kurz darauf erfuhr, die aufregendsten Phantasiegeschichten über mich erzählt hatte, trug sicher auch dazu bei.

Da war ich nun also, bereit, den Angelhaken zu schlucken, der mich aus dem tiefen Pfuhl ziehen sollte, in dem ich steckte.

Juanjo war vier Jahre älter als ich, und sein Traumkörper bewies zweierlei: dass es auch mit dreißig noch Hoffnung gab und dass Pilates wirklich die Lösung war. Das, und, wie ich später feststellte, unablässiger, unersättlicher Sex. Der schlaue Fuchs pirschte sich ganz unauffällig an seine Beute heran: mit einem flüchtigen Lächeln, einer vermeintlich zufälligen zärtlichen Berührung bei der Korrektur einer Position oder einem beiläufig fallen gelassenen Kompliment.

Ich wollte mich dienstags von acht bis zehn einfach nur bewegen und zugegebenermaßen an Juanjos Anblick erfreuen. Aber was er veranstaltete, war kein Kurs, sondern eine Show. Die perfekte Vorführung unmöglicher Stellungen, die meine Phantasie beflügelten. Wenn er so was im Unterricht zustande brachte, wozu war er dann wohl erst im Bett fähig – oder außerhalb davon?

Von Stunde zu Stunde wurden Juanjos Outfits knapper. Meine Güte! Die Mamis und ich bekamen Hitzewallungen, obwohl Winter war. Wir baten die Frau an der Rezeption sogar, mitten im Februar die Klimaanlage einzuschalten.

Der Anblick dessen, was sich zwischen seinen Beinen abzeichnete, ließ mein Gehirn Kapriolen schlagen. Wenn sein Zepter schon im Ruhezustand und in aller Öffentlichkeit so gewaltig war – welche Dimensionen würde es dann erst in trauter Zweisamkeit annehmen und wenn er richtig in Fahrt war?

Ich hatte aus eigenem Entschluss bereits seit einiger Zeit gefastet, aber wer schon einmal ein leckeres Stück Kuchen gegessen hat, kann schwer darauf verzichten. Und Juanjo verhieß mehr als ein Stück Kuchen, er sah aus wie ein wahrer Leckerbissen!

Ich hätte vom ersten Augenblick an misstrauisch sein müssen. Bei der geringsten Gelegenheit zeigte er seinen kräftigen Bizeps mit den Sehnen, die sich an seinen Armen entlangschlängelten wie Wurzeln. Man wäre liebend gerne aus dem dritten Stock gesprungen, wenn er nur unten stand, um einen aufzufangen!

Sein Oberkörper war ein weiteres Schauspiel, zu dessen Betrachtung er uns in jeder Kursstunde einlud. Wenn er wellenförmige Handbewegungen machte, konnte man jeden einzelnen Muskel an seinem Waschbrettbauch spielen sehen.

Dieses Auftreten, seine Schamlosigkeit und sein Bedürfnis, sich zur Schau zu stellen, hätten mir eine Warnung sein müssen. Aber an dem Tag, an dem er mir eine Privatstunde anbot, um an ein paar Bewegungen zu arbeiten, tappte ich ihm in die Falle.

Die erste Bewegung, die wir im leeren Trainingsraum übten, war, uns auszuziehen, eine Übung, die ich fast vergessen hatte. Anfangs war ich ein wenig unbeholfen, aber Juanjo machte das nichts aus, im Gegenteil, es erregte ihn.

Ehrlich gesagt weiß ich nicht, ob ich hier erzählen soll, was dann geschah. Auch in hundert Jahren werde ich es nicht vergessen. Die Schule war leer. Es war Sonntagnachmittag, und wir verließen den Raum am Montagmorgen, kurz bevor um acht Uhr die Putzfrauen anrückten. Wir probten Dutzende von Stellungen, aber ich könnte schwören, dass keine von ihnen in den Pilateslehrbüchern zu finden ist. Auf den Matten, an den Sprossenwänden, an der Wand. Ich glaube, es gab keinen Ort, an dem wir unserer Leidenschaft nicht gefrönt hätten.

Er zeigte mir tausend Kniffe, um meine Lust zu verlängern, zu unvorstellbaren Höhepunkten zu gelangen und mich anschließend zu entspannen, und das wieder und wieder, bis unsere Körper, noch ineinander verschlungen, erschöpft zu Boden sanken. Wenige Minuten später legte er wieder los.

Juanjo war unerschöpflich wild und offenbarte mir geheime Stellen meines Körpers, von deren Existenz ich bislang nichts geahnt hatte. Seither hat niemand sie wiedergefunden. Aber ich gebe die Hoffnung nicht auf.

Dieser Sonntag war der erste, aber nicht der letzte. Meine Pilateskenntnisse wurden auch in den folgenden Wochen nicht besser, sondern immer schlechter, sodass ich mehr und mehr Nachhilfestunden brauchte. Knapp neun Monate war dieser Fitnessraum eine Art Liebesnest für mich.

Während des Kurses verhielten wir uns ganz normal wie Lehrer und Schülerin. Außerdem sagte er mir schon vor dem dritten Treffen, dass er noch ein Verhältnis mit einer anderen Schülerin hatte. Zuerst wurde ich beinahe wahnsinnig bei dem Versuch, mir vorzustellen, welche der Mamis es war. Dann fand ich, dass es unserer Affäre eine gewisse Würze verlieh. Anstatt mich zurückzuhalten, ließ ich bei unserer nächsten Begegnung meine innere Raubkatze heraus, die ich bislang nicht gekannt hatte.

Juanjo war vom ersten Moment an offen und ehrlich. Er wollte keine Beziehungen, jedenfalls keine ernsthaften. Soll heißen: kein Sonntagsessen im Familienkreis, keine Kinobesuche mit Freunden und auch keine Zahnbürsten beim anderen zu Hause. Tatsächlich war ich in der ganzen Zeit, in der wir zusammen waren, kein einziges Mal bei ihm oder er bei mir.

Zuerst dachte ich, er sei verheiratet, aber als ich ihn besser kennenlernte, wurde mir schnell klar, dass das unmöglich war. Juanjo lebte nur für sich und seine Abenteuer. Mehr gab es nicht. Er hatte nur Zeit dafür, lernbegierige Frauen wie mich *mit seinen Künsten zu beglücken und eitel wie ein Pfau herumzustolzieren, sooft sich die Gelegenheit dazu bot.*

Trotzdem fand ich seine Offenheit in den ersten Monaten entwaffnend. Ich glaubte, zum ersten Mal einem reifen Mann begegnet zu sein, der mich nicht belog.

Reif? Unverschämt! Seine Beziehungen waren offen. Das wohl. Aber wehe, ich nahm das gleiche Recht für mich in Anspruch! Er war ebenso promiskuitiv wie eifersüchtig.

Allerdings muss ich ihm zugestehen, dass ich dank unserer Privatstunden meine Lebensfreude zurückgewann. Ich hatte wieder Lust auszugehen und das Leben zu genießen, wollte wieder das Glas Wein austrinken, das mir gereicht wurde. Ich entdeckte, dass ein wundervolles neues Jahrzehnt vor mir lag.

Nicht im Traum dachte ich daran, mit einem anderen Mann eine ernsthafte Beziehung einzugehen. Ich wollte einfach nur in vollen Zügen leben, und wenn er mir dabei nicht Gesellschaft leisten wollte, dann würde ich das eben mit anderen tun. Kino, Restaurants, Reisen, Ausstellungen … Als er das erste Mal herausfand, dass ich mich wieder mit einem alten Jugendfreund traf, der noch dazu Single war wie ich, strafte er mich mit zwei Sonntagen Sexentzug!

Ich lernte meine Lektion. Natürlich tat ich weiterhin, wozu ich Lust hatte, nur tat ich es eben heimlich.

Von unserem ersten Sonntag abgesehen, sind mir heute, fünf Jahre später, von dieser Affäre vor allem die Lügen und das Fehlen von freundlichen Worten in Erinnerung. Nie sagten wir einander »Ich mag dich« oder »Du hast mir gefehlt«. Und natürlich gab es nie ein »Ich liebe dich«.

Mit den Jahren habe ich gelernt, dass manche Beziehungen auf Beleidigungen beruhen, andere auf Vorwürfen, wieder andere auf Schmeicheleien oder Versprechungen – und dann gibt es die, die wie unsere aus lustvollem Stöhnen und Keuchen bestehen.

In den ersten Monaten war mir das völlig egal. Aber irgendwann fing ich an, diese Worte zu vermissen. Selbst wenn sie gelogen waren. So traurig es klingt: Ich sehnte mich nach freundlichen Lügen. Samstags ging ich immer zum Essen zu meinen Eltern, und wenn ich hörte, wie mein Vater zu meiner Mutter etwas so Banales sagte wie: »Soll ich den Tisch decken, Schatz?«, kamen mir die Tränen. Wegen der Zärtlichkeit und Alltäglichkeit, die in diesen Worten lagen. Wegen der impliziten Botschaft, dass sie ein gemeinsames Heim hatten, wegen des Versprechens, dass sie sich Zeit füreinander nahmen.

Ende April nahm ich meinen ganzen Mut zusammen und teilte Juanjo mit, dass ich keine weiteren Privatstunden mehr wünschte. Das war das erste Mal, dass ich mit ihm Schluss machte, und tausend weitere sollten folgen. Von ihm kam keine Geste, keine Bitte, keine Frage. Am dritten Sonntag ging ich bei der Schule vorbei – und da war er und trainierte. Als hätte er auf mich gewartet. Zu der Zeit fand ich das romantisch. Heute halte ich es für arrogant. Woher wusste er, dass ich zu ihm zurückkommen würde? Aber damals war ich verliebt oder vielleicht auch nur verblendet.

Das Einzige, was ich damit erreichte, war, dass wir uns von nun an zusätzlich zu den Sonntagnachmittagen ab und zu auch montagabends trafen. Ich war der festen Überzeugung, dass ich ihn auf diese Weise erobern und, wenn er erst mal in meinem Netz zappelte, auch halten könnte. Also versuchte ich es noch zwei Monate weiter.

Wie naiv ich doch war!

Bald begann das Leben mir wieder zu nehmen, was es mir gegeben hatte. Wenn ich durch die Straßen ging, betrachtete ich die Paare, die gemeinsam den Hund ausführten oder vor dem Kino diskutierten, welchen Film sie sehen wollten, und beneidete sie. Es war mir ganz egal, ob sie hübsch oder hässlich waren, jung oder alt. Ich wollte sein wie sie.

Nach und nach erschien mir meine Beziehung mit Juanjo hohl und leer. Er hatte mich aus einem Pfuhl geholt, aber nun war ich drauf und dran, in einem Ozean zu versinken.

Ich wollte meine Gegenwart mit jemandem teilen, mit dem ich mir auch eine Zukunft aufbauen konnte. Und ich wusste, dass Juanjo mir das trotz aller Sexmarathons nicht geben würde.

Die Tage verdüsterten sich wieder. Mein Leben war wie eine Achterbahn, auf der bei jeder Runde die Talfahrten länger und die Aufstiege kürzer wurden.

Juanjo war ein Meister der Verführung, und so ließ er die Leine locker oder zog sie an, wie es ihm beliebte. Er wollte mich nicht verlieren und wusste, dass er dafür ein klein wenig würde nachgeben müssen. Und so gab er einen Millimeter Boden preis, und mir erschien das wie ein ungeheurer Liebesbeweis.

Schließlich ließ er sich nach langem Betteln meinerseits überreden, ein Wochenende mit mir zu verbringen. Als er zusagte, konnte ich mein Glück kaum fassen. Von Freitagnach-

mittag bis Sonntagabend würde er ganz allein mir gehören! Endlich würden wir ein Bett teilen, und ich würde herausfinden, ob er mit Pyjama oder ohne schlief, ob er zum Frühstück seinen Kaffee schwarz oder mit Milch trank.

Ich weiß noch, wie begeistert ich Carmen davon berichtete und wie mitleidig sie mich ansah.

Der Deal war fast perfekt – mit einem kleinen Haken: Zwar würden wir die ganze Zeit zusammen sein, aber in einem Tantracamp irgendwo in der Pampa. In diesem Augenblick erschien mir das ein kleiner Preis – ich wusste ja nicht, was mich erwartete –, und so willigte ich mit Freuden ein.

Den ganzen Donnerstag verbrachte ich damit, die verführerischen Dessous auszuwählen, die ich mitnehmen wollte, die Bettlektüre, die er auf meinem Nachttisch liegen sehen sollte, das Parfüm, das ich benutzen würde … Ich packte für eine ganze Woche!

Am Freitag war alles wunderbar: Nachmittags nahmen wir am Workshop teil, und am Abend beschlossen wir, nicht mit den anderen Teilnehmern zu Abend zu essen, sondern über die Felder zu spazieren und uns früh auf unser Zimmer zurückzuziehen.

Die Nacht war dunkel, und die Landschaft unter dem Sternenhimmel lud an jeder Ecke dazu ein, sich zu lieben. Ich hatte Angst, dass uns jemand sehen könnte. Juanjo natürlich nicht. Und wenn er wollte, konnte er sehr überzeugend sein: Als er mich das dritte Mal von hinten umarmte und ich sein aufforderndes, hartes Geschlecht spürte, konnte ich nicht länger widerstehen. Ich drehte mich um und öffnete, von einer Welle der

Leidenschaft durchflutet, am Ufer des kleinen Teichs, an dem wir standen, seine Hose.

Dieses Mal wollte ich nicht warten, bis er die Spielregeln vorgab. Zum ersten Mal übernahm ich das Kommando. Offenbar gefiel ihm das, sehr sogar, aus der Art zu schließen, wie er es mir dankte. Ich lehnte mit dem Rücken gegen einen großen Felsen, sah zum Mond hinauf, und er glitt in mich hinein und wieder hinaus, bis mir fast die Sinne schwanden.

Danach gingen wir auf unser Zimmer zurück, und er hatte noch die Kraft, mich unter dem dampfenden Wasserstrahl der Dusche zu lieben.

Als ich einschlief, war ich so glücklich wie schon seit Wochen nicht mehr. Ruhig. Neben meinem Mann. Nackt.

Der Samstagmorgen war wolkenverhangen. Ich hätte ahnen sollen, was mich erwartete. Aber ich war nie besonders gut im Deuten der Zeichen, die der Himmel uns schickt.

Juanjo war nicht im Zimmer, aber ich maß dem keine Bedeutung bei. Ich zog mich an und lief rasch zum Workshopraum hinüber. Ich hatte die erste Unterrichtsstunde verpasst.

Juanjo dagegen hatte die Gelegenheit genutzt, um Bekanntschaft mit einem brünetten Bombenweib zu schließen, das allein zum Workshop angereist war. Ich beschloss, mir das nicht allzu sehr zu Herzen zu nehmen. Hier waren wir, er und ich, mitten auf dem Land, und zum ersten Mal fühlte ich, dass eine gemeinsame Zukunft möglich war. Nicht sofort, aber auf längere Sicht.

Der Rest des Tages verlief ruhig. Ich glaube mich zu erinnern, dass Juanjo und das brünette Superweib sich ein wenig zu oft zulächelten, aber nichts, was es wert gewesen wäre, sich aufzuregen. Als der Abend kam, beschlossen wir, das Gleiche zu tun wie am Vortag. Allerdings mit einem Unterschied: Juanjo lud die andere ein, uns zu begleiten.

Ich war ein wenig erstaunt, aber das war nichts im Vergleich zu dem Erstaunen, das mich bald darauf packen sollte.

Als wir an der gleichen Stelle angekommen waren wie am Abend zuvor, am stillen Teich meiner Träume, kletterte die Brünette auf den Felsaltar und begann, sich auszuziehen. Ich war so verdattert, dass ich ihr reglos zusah, bis sie fast fertig war.

Was sollte denn das? Als sie gerade dabei war, aus ihrem Slip zu steigen, sah ich zu Juanjo hinüber. O nein! Er war schneller gewesen als sie und schon völlig nackt. Er trug nichts als sein gewaltiges Zepter, das bereit war zum Angriff. Und damit nicht genug: Nun versuchte er auch noch, mich auszuziehen, damit ich mich an ihrem Vergnügen beteiligte.

Ich wehrte mich. Mit rauer Stimme schlug er mir vor, einen Dreier zu machen, während die Brünette neben mir anfing, mich zu liebkosen.

Ich rannte davon. In meinen Phantasien hatte ich mir ausgemalt, mit ihm eine gemeinsame Zukunft aufzubauen, und nun schlug er mir vor, mit ihm seine Phantasien zu verwirklichen!

Wie sehr hatte ich mich getäuscht! Ich hatte Liebe gesucht, wo es keine gab. Tatsächlich hatte er mir nie Liebe versprochen, aber ich Träumerin hatte mir eingebildet, sie gewinnen zu können.

21

DER JÄGER, DER ZWEI HASEN JAGT

Verwundert betrachtete Alexis das Herz mit dem Kieselstein in der Mitte und fragte sich, was es wohl mit ihrem Tantralehrer zu tun haben könnte.

Da sie fast den ganzen vorherigen Tag verschlafen hatte – zum ersten Mal hatte sie sich in der Hütte heimisch gefühlt –, war sie schon im Morgengrauen aufgestanden. Jonás war noch nicht in der Höhle.

Aber das Herz war da.

Plötzlich kam ihr eine verrückte Idee: Da sie nun einmal allein war und das Gespräch über das Zeichen nicht vor dem Frühstück stattfinden würde, könnte sie eigentlich eine Runde im Teich schwimmen.

Bestimmt war das Wasser eiskalt. Eilig streifte sie Hose, T-Shirt und Unterwäsche ab, bevor sie es sich anders überlegen konnte, und sprang einen Augenblick später todesmutig in den Teich.

Als sie eintauchte, flohen die Fische panisch in alle Richtungen. Alexis schwamm mit weit ausholenden Zügen, um warm zu werden, und beschloss, da sie nun diesen Teich der Weisheit einmal entweiht hatte, bis zum Grund zu tauchen.

Wie sie da so über dem Herz mit dem Stein in der Mitte hinwegtrieb, fühlte sie sich furchtlos und frei. In diesen Augenblicken unter Wasser dachte sie, dass sie nach all den hier gewonnenen Erkenntnissen nie wieder die Gleiche sein würde wie vorher.

Als ihr die Luft ausging, schwamm sie mit kräftigen Stößen an die Oberfläche. Und als sie den Kopf aus dem Wasser streckte, sah sie den bärtigen Einsiedler am Rand des Teiches stehen.

Mit einer Beflissenheit, die ihr allmählich auf die Nerven ging, hielt er ihr eine Decke hin, damit sie sich abtrocknen konnte.

»Soll ich mich umdrehen?«, fragte er, offenbar ungerührt angesichts ihrer Nacktheit. Allen guten Vorsätzen zum Trotz verspürte Alexis schon wieder Lust, diesen Säulenheiligen zu provozieren. Dass er so offen ihre Reize ignorierte, grenzte an Beleidigung. Und sie wusste auch schon die perfekte Strafe für ihn.

Noch bevor der Einsiedler sich umdrehen konnte, stieg sie splitterfasernackt aus dem Wasser, baute sich vor ihm auf und bat:

»Breite die Decke auf dem Boden aus. Ich brauche eine Massage, damit mir warm wird. Könntest du das tun, oder ist das vom Hüter der Fische zu viel verlangt?«

Sie nahm ihm die Decke aus der Hand, legte sie auf den Boden und streckte sich bäuchlings darauf aus.

Zu ihrer Überraschung fühlte sie kurz darauf, wie die starken, erfahrenen Hände des Einsiedlers über ihren noch nassen Rücken strichen, während er sagte:

»Es ist eigentlich nicht üblich, aber ich habe nichts dagegen, dich zu massieren. Als junger Mann habe ich mich ein bisschen mit Physiotherapie beschäftigt.«

Immer so verdammt korrekt, dachte Alexis bei sich, während Jonás' Hände nun eines ihrer Beine umfassten und kräftig durchwalkten. Kann es sein, dass ich ihm nicht gefalle? Vielleicht ist er ja schwul?

Währenddessen sagte der Einsiedler ruhig:

»Du bist nicht die Erste, die in den Teich springt. Ich weiß nicht, warum, aber früher oder später tun das alle Pilger.«

Alexis drehte sich um und sah den Hobbyphysiotherapeuten prüfend an. Zwar schien er überrascht, dass sie ihm jetzt ihre nackte Vorderseite zeigte, doch seine Hände glitten flink zu dem Bein hinüber, das er bisher noch nicht massiert hatte.

Nachdem er es angenehm erwärmt hatte, machte er sich an ihre Arme. Zuerst zog er an ihnen, dann beschrieben seine Finger Kreise auf ihren Schultern und dann, sachter, auf ihrem Hals.

Enttäuscht sah Alexis ein, dass der unvermutete Masseur ihre erogenen Zonen nicht bearbeiten würde, also schloss sie die Augen und fragte:

»Was bedeutet ein Herz mit einem Kieselstein in der Mitte?«

Jonás' Finger umfassten ihren Nacken zu einer angenehmen Massage, während er antwortete:

»Die Botschaft ist klar: Man kann nur auf ein einziges Herz richtig zielen. Liebe braucht Ausschließlichkeit. Kennst du die Fabel von den Hasen? Sie erzählt von einem Schüler, der zwei Kampfkunstarten erlernen wollte. Als er seinem Meister dies erzählte, sagte der zu ihm: ›Wer auf zwei Hasen gleichzeitig schießt, trifft keinen von beiden.‹«

Mit einer geschickten Bewegung hüllte Jonás Alexis in die Decke, zum Zeichen, dass die Massage beendet war.

Um sich ihre Enttäuschung nicht anmerken zu lassen, hielt Alexis die Augen geschlossen und dachte an den Tantralehrer und seine zahlreichen

Affären. Wie der Jäger in der Fabel hatte er viele gejagt, aber keine geliebt. Das hätte sie erkennen sollen, bevor sie sich in ihn verliebte, wenn man das, was sie mit ihm erlebt hatte, überhaupt so nennen konnte.

Sie war bereit, Katastrophe Nummer sechs zu erzählen.

22

FERNÖSTLICHE TRÄUME

Allmählich kamen mir ernsthafte Zweifel, ob es auf diesem Planeten den perfekten Mann überhaupt gab. Keine Ahnung, wie es auf den Saturnmonden aussah, aber hier auf Erden hatte ich alle Hoffnung verloren.

Was sollten wir Frauen mit unserer Zeit anfangen, wenn die Liebe – und mit ihr auf längere Sicht die menschliche Spezies – allem Anschein nach aussterben würde?

Die verheirateten Frauen gaben sich begreiflicherweise alle Mühe, ihre Ehemänner an der kurzen Leine zu halten. Wenn sie das Glück hatten, irgendwann mal ein kostbares Exemplar ergattert zu haben, mussten sie es sorgfältig hüten. War er nicht ganz so perfekt, wie sie es sich wünschten, verziehen sie ihm seine kleinen Schwächen und gönnten ihm ein paar Flausen, damit er sich in der Beziehung halbwegs wohlfühlte. Es heißt ja, der Spatz in der Hand sei besser als die Taube auf dem Dach.

Aber was war mit uns Singles? Was konnten wir, die Alexis dieser Welt, tun?

So wie ich es sah, boten sich uns verschiedene Möglichkeiten, von denen eine schlimmer war als die andere. Für eine von ihnen musste man sich entscheiden und dann darauf hoffen, dass einem die Götter gewogen waren. Die meisten von uns fügten sich in ihr tragisches Schicksal und wurden zu Opfern der rücksichtslosen Kerle, die an jeder Ecke lauerten. Falls wir bereit waren, dieses Risiko einzugehen, öffneten wir unser Herz einer Heerschar eifersüchtiger, manipulativer, erpresserischer, verlogener und besitzergreifender Typen …

Vielleicht würden wir einen Apfel finden, der trotz einiger fauler Flecken noch für einen kräftigen Bissen reichte. Aber offen gestanden glaubte ich mit zweiunddreißig nicht einmal mehr daran.

Welche anderen Möglichkeiten blieben mir? Resignation, Einsamkeit oder Anpassung an die Umwelt. Einige meiner Freundinnen hatten sich, wenn auch nur für eine begrenzte Zeit, von der Welt zurückgezogen. So ähnlich, wie ich es gerade hier in den Bergen tue, nur eben freiwillig. Ich hatte diese Möglichkeit bislang nicht in Betracht gezogen, aber … Eine ehemalige Kollegin von mir hatte sich ein Sabbatjahr genommen, war nach Indien gefahren und lebte dort zurückgezogen in einem Ashram, einer religiösen Gemeinschaft.

Und eine Cousine von mir, die von ihrem Bräutigam vor dem Altar sitzen gelassen wurde, hat sich einer Gruppe von Ökofreaks in den Apenninen angeschlossen.

Ich bin eher der gemäßigte Typ, also beschloss ich damals, erst mal an der Medizin zu nippen, bevor ich mich entschied, sie ganz leer zu trinken. Mit einem ganzen Stapel Bücher, Heften und meinem iPad bewaffnet, begab ich mich eines Freitagnachmittags zur Gästeunterkunft eines abgelegenen Klosters.

Noch bevor das Wochenende um war, gab ich auf: Vierundzwanzig Stunden genügten mir, um festzustellen, dass ich fürs Klosterleben gänzlich ungeeignet war. Die Zelle – eine überaus treffende Bezeichnung –, in der ich meine einzige Nacht im Kloster verbrachte, war schlimmer als die Todeszellen in einem amerikanischen Gefängnis, die ich aus Fernsehberichten kenne. Ein Bett wie ein Stein, ein Stuhl, auf dem wahrscheinlich schon Methusalem gesessen hatte, und eine Schüssel mit eiskaltem Wasser, dessen aschgraue Farbe nichts Gutes verhieß.

Aber das war nicht das Schlimmste. Die Schwester Pförtnerin hatte mir gleich bei meiner Ankunft das iPad weggenommen und alle meine Bücher durchgesehen. Es waren nur Werke über spirituelle Themen erlaubt oder solche, die der Charakterbildung dienten. Von den sieben Büchern, die ich mitgebracht hatte, fand kein einziges Gnade in ihren Augen.

Zum Glück durfte ich die Hefte behalten: Eigentlich hatte ich vor, ein paar Modelle zu entwerfen, aber die Schwester empfahl mir, die Hefte ausschließlich zum Aufschreiben jener Gedanken zu nutzen, die in den Stunden der Meditation und Zurückgezogenheit mein Herz bewegten.

Nun gut, dachte ich, als ich endlich allein war, ich werde schon eine Möglichkeit finden, euch zu entwischen. Zweimal konnte ich mich, als die Aufseherin gerade einmal nicht hinschaute, davonstehlen und allein den Klostergarten genießen. Er war wunderschön. Ähnlich wie diese Berge, aber in kleinerem Maßstab.

Dann kam das Abendessen, und ich freute mich schon auf den Plausch mit den anderen Frauen, die wie ich hier zu Besuch waren. Oder sogar mit den Nonnen selbst, sollte ich eine finden, die nicht blind oder taub war.

Ich dachte, ich könnte mich unterhalten? Wie naiv ich doch war! Zum Abendessen gab es einen Teller gekochtes Wasser – sie nannten es Suppe –, während eine von ihnen aus der Apokalypse vorlas.

Uns anderen war das Sprechen verboten.

Zu spät bemerkte ich, dass ich mich in einem Kloster befand, dessen Nonnen in Klausur lebten. Einmal und nie wieder!

Das bisschen Brot blieb mir im Hals stecken, während ich mir anhören musste, wie die Pest über die Welt hereinbrechen würde. Und die ganze Nacht lang verfolgten mich Reiter mit vermummten Gesichtern, die auf schwarzen Pferden ritten und Sensen schwangen. Einer der Reiter erinnerte mich übrigens an Juanjo. So geschmacklos war der Traum!

Am nächsten Morgen packte ich meine Siebensachen und nahm ohne ein Wort der Erklärung – ich hielt mich ans Schweigegelübde, bis ich aus der Tür war – den ersten Bus Richtung Barcelona.

Auf halbem Weg legten wir eine Rast ein. Ich entfernte mich ein paar Schritte von der Gruppe und brüllte lauter sinnlose Wörter in die Welt hinaus. Bestimmt erschraken die Leu-

te, die mich hörten ... Aber in meiner Lunge saßen einfach zu viele Laute fest.

Entsagung war also definitiv nichts für mich. Wie sah es mit der Anpassung an die Umwelt aus?

Die Tatsache, dass der perfekte Mann nicht existierte, bedeutete ja nicht, dass es keine perfekten Frauen gab. Ich hatte mich immer für Jungen interessiert. Allmählich aber hatte ich den Eindruck, dass sie sich nicht besonders für mich interessierten; vielleicht passten wir aber auch einfach nicht zusammen. Warum sollte ich mir Türen verschließen?

Ich bin nie verklemmt gewesen, also erweiterte ich für ein paar Tage meinen Horizont. Ich besuchte ein paar Lesbenbars, ging in ein paar lesbische Filme, stellte aber schnell fest, dass ich auch hier meine bessere Hälfte nicht finden würde.

Gab es also keine Lösung für weibliche Singles wie mich, bevor ich vor Traurigkeit einging wie eine Primel? Doch, eine letzte Möglichkeit blieb mir noch: mich in die Arbeit zu stürzen. Die Beste meines Fachs zu werden: kompetent, kreativ, ehrgeizig, allzeit bereit. Für meinen Beruf war ich wirklich begabt. Ich übte ihn seit Jahren aus, nun ging es nur darum, den Meistertitel zu erlangen. Mehr Stunden, mehr Hingabe, mehr Einfallsreichtum. Damit schlug ich einen Weg ein, der mich auch nicht glücklich machen würde, aber das wusste ich damals noch nicht.

Meine Arbeit war meine Leidenschaft. Ich atmete Mode. Ich träumte Mode. Ich trank Mode.

Es war fast eine Erleichterung, mich ihr mit Leib und Seele zu widmen. Die Suche nach dem Traumprinzen raubt uns

Frauen in den produktivsten Jahren unseres Lebens viel Energie und Kreativität. Manchmal habe ich den Verdacht, dass das ein Trick der Alphamännchen ist, um ihren Geschlechtsgenossen den Aufstieg zur Macht zu erleichtern!

Während wir im stillen Kämmerlein jeden Fehlschlag beklagen und beweinen, gehen sie zu Konferenzen über die neuesten Techniken in unserem Fachgebiet. Während wir uns ganze Abende mit Singlepartys und Blind Dates um die Ohren schlagen, um die große Liebe zu finden, nutzen sie die Abende für Geschäftsessen, auf denen sie Kollegen aus anderen Ländern kennenlernen, die ihnen eines Tages die Türen zur großen weiten Welt öffnen werden. Solange wir auf Diät sind, können wir nicht mit unserem Chef zu Mittag essen.

Damit war nun Schluss. Ich würde die Zügel in die Hand nehmen und wie Robin Hood als Rächer der Frauen den Männern ihre unverdienten beruflichen Erfolge stehlen und sie unter meinen Geschlechtsgenossinnen verteilen, die in der Ecke saßen und die Wunden leckten, die ihr Scheitern ihnen geschlagen hatte.

Es ist immer eine Erleichterung, eine Entscheidung zu treffen, selbst wenn es die falsche ist. Und ich hatte mich entschieden: Ich würde mich auf meine Karriere konzentrieren. Noch dazu umgab ich meine Entscheidung mit der Aura des Heldenhaften, denn schließlich tat ich das für alle Frauen dieser Welt. Das war perfekt! Allerdings hatte ich nicht damit gerechnet, dass dieser Entschluss nur zwei Monate später gehörig ins Wanken geraten würde.

Ich verdonnerte mich selbst zu einem wahren Arbeitsmara-

thon. Beinahe jeden Tag erledigte ich doppelt so viel wie am Tag zuvor. Ich sagte kein einziges Arbeitsessen ab – was dazu führte, dass ich eine Kleidergröße zulegte – und ging zu sämtlichen Empfängen unserer Firma und der Konkurrenz. Meine Chefin hatte mich immer geschätzt, aber jetzt … jetzt liebte sie mich heiß und innig! Ich war ihr Liebling und ihre designierte Nachfolgerin.

Mein Firmenhandy war sieben Tage die Woche rund um die Uhr eingeschaltet. Wenn ich samstagabends um sieben angerufen wurde, antwortete ich ebenso lächelnd wie Montagnacht um elf.

Ich nahm mir immer Arbeit mit nach Hause: Die erledigte ich, während ich eine Tiefkühlpizza aß oder meine Frühstücksmuffins in Milch tunkte. Ich belegte sogar einen Online-Masterlehrgang für das Management von Modefirmen!

Es gibt keinen Krieg ohne Kollateralschäden, aber diesen Preis zahlte ich mit Freuden. In Rekordzeit legte ich vier Kilo zu. Außerdem hatte ich chronische Nackenschmerzen vom Starren auf den Bildschirm. Und meine Finger schmerzten vom schnellen Tippen!

Das Schlimmste aber war, dass sich die Reihen meiner Freundinnen lichteten. Ich kam einfach zu nichts: Ich steckte so sehr im kreativen Hamsterrad fest, dass ich meiner Freundin Esther, als ihr Vater starb, nur eine SMS schickte, dass es mir leidtue. Und dabei waren wir unzertrennlich gewesen, seit wir dreizehn waren!

Jahre später haben wir uns ausgesprochen, und obwohl ich mich unzählige Male entschuldigt habe und sie mir versichert, sie habe mir längst verziehen, weiß ich, dass etwas zwischen uns zerbrochen ist. Etwas, das sich nicht mehr kitten lässt.

Meine erste Nichte wurde geboren, aber ich lernte sie erst kennen, als sie schon im Krabbelalter war. Gründe, warum ich gerade arbeiten musste, gab es immer: eine Modenschau in Paris, die Inventur der Saison, der Besuch eines ganz besonderen Kunden oder eine Wochenendsitzung, die meine Chefs einberufen hatten, um die Taktik für die nächste Kampagne zu beraten. Ich konnte nicht Nein sagen, keine Grenzen setzen … und so musste ich mich damit abfinden, meine kleine Nichte nur von Fotos zu kennen, bis sie sechs Monate alt war!

Meine Mutter rief mich ständig an und hinterließ Nachrichten auf meinem Anrufbeantworter, die etwa so klangen: »Wir haben dich seit drei Tagen, sieben Stunden und zwei Minuten nicht mehr gesehen«; »Wir haben seit fünfzehn Tagen, drei Stunden und einer Minute nichts mehr von dir gehört …«

Ich muss gestehen, in solchen Augenblicken wurde ich weich und bezweifelte, ob sich all die Mühe lohnte – schließlich würde ich nie der Steve Jobs der Modewelt und auch nicht die Coco Chanel meiner Zeit werden.

Wollte ich wirklich nie wieder an kalten Winterabenden in der alten Küche meiner Eltern meine nach einem Familienrezept zubereitete Lieblingssuppe essen? Vermisste ich nicht das Gelächter meiner beiden Schwestern, wenn wir darüber stritten, ob der Hamster, den wir als Kinder gehabt hatten, sie lieber gemocht hatte als mich?

Doch zu meinem Trost folgte stets der nächste Arbeitstag mit seinen Belohnungen, der mich die Minuten nächtlicher Traurig-

keit vergessen ließ. Meine Chefs liebten mich und setzen alles daran, mich direkt für sie arbeiten zu lassen. Ich war bei wichtigen Meetings dabei und durfte mir meine Projekte selbst aussuchen. Verführerische Worte wie Gehaltserhöhung, Beförderung, Versetzung, Zentrale, stärkerer Einfluss schmeichelten meinem Ohr.

Ich glaube, in dieser Zeit glich ich eher einem Pfau als einem Menschen. Ich spreizte mein Gefieder und zeigte mein prächtiges Farbkleid, als wäre ich die Königin meines kleinen Arbeitsparadieses. Wäre David mir nicht in die Quere gekommen, ich fürchte, ich wäre irgendwann geplatzt und hätte eine widerliche Spur aus Eitelkeit und Arroganz hinterlassen. Aber dazu kam es nicht mehr.

Meine sechste Liebe brach wie ein Wirbelsturm über diese festgelegte, geordnete Welt herein und stellte alles auf den Kopf.

Zu dieser Zeit war ich dermaßen in meine Arbeit vertieft, dass ich nicht über den Tellerrand schauen konnte. Auch David war keineswegs auf der Suche nach einer Beziehung. Und zwar nicht deshalb, weil er auf seine Arbeit fixiert gewesen wäre, sondern weil sein Leben darin bestand, durch die Weltgeschichte zu reisen.

David rettete mich, indem er an meine Tür klopfte und mich bat, sie zu öffnen und ihn hereinzulassen. Und das ist durchaus wörtlich gemeint. Die Tür war meine Bürotür, und es war Dienstag, der 7. Februar um sechs Uhr abends. Ich weiß das noch, weil ich es in meinem Terminkalender vermerkt hatte: »Gespräch mit David Alonso, Journalist. Thema: Reportage über die Eröffnung der ersten Boutiquen in Asien.«

Diese Aufgabe, die eigentlich meine direkte Vorgesetzte hät-

te erledigen sollen, war wie so vieles andere mir übertragen worden. Als David mein Büro betrat und ich hörte, was er mit mir vorhatte, war ich im ersten Augenblick wie versteinert. Man erfährt nicht jeden Tag, dass man die nächsten drei Wochen in Begleitung eines Fotografen und eines Journalisten nach Singapur, Hongkong, Shanghai, Tokio und Neu-Delhi reisen wird. Was für eine Erlösung!

Ich könnte nach Lust und Laune bummeln gehen, unsere Boutiquen besichtigen, mich mit Leuten aus der dortigen Modebranche treffen und in Luxushotels zu Abend essen. Alle Unkosten würden selbstverständlich übernommen. Ein Traum wurde wahr – und das mit gerade mal zweiunddreißig.

Als ich David ein wenig näher kannte, sagte ich mir, dass der Traum sogar noch besser werden würde als erhofft. Er war nicht unbedingt gutaussehend, hatte aber das gewisse Etwas. Ob es sein Lausbubengesicht war? Sein zerzaustes Haar, seine zahllosen Sommersprossen, das ewig aus der Hose hängende Hemd? Aber das war nicht das Beste an ihm: Er war von Natur aus ein netter Kerl, originell, geistreich, freigebig allen und besonders mir gegenüber.

Er war nie schlecht gelaunt und stets zu allen Schandtaten bereit, ganz gleich, ob es darum ging, einen Nachmittag lang mit seinem Großvater im Altersheim Karten zu spielen oder zur Eröffnung des coolsten Lokals der Stadt zu gehen.

Er kannte weder Verpflichtungen noch Zwänge. Das hatte ich ihn gleich bei unserer ersten Begegnung gefragt: Bevor wir für so eine lange Zeit gemeinsam auf Reisen gingen, wollte ich wissen, wen er zu Hause zurückließ.

»Niemanden, um den wir uns Sorgen machen müssten«, erwiderte er lächelnd und fügte dann hinzu: »Außer Lucas, der ist sieben und hängt sehr an mir. Er wird mich ganz bestimmt vermissen. Aber Job ist Job.«

Mein Gesicht muss Bände gesprochen haben. Ich höre ihn immer noch lachen. Dieser Schuft! Lucas war sein Terrier. Zwei Tage später lernte ich ihn kennen, und er erwies sich als ebenso reizend wie sein Besitzer.

Das Schicksal machte mir meinen Vorsatz, Single zu bleiben, sehr schwer.

In den nächsten zwei Wochen trafen David und ich uns täglich. Wir mussten unsere Asienreise in allen Einzelheiten planen, durften nichts dem Zufall überlassen, damit die Besuche ein voller Erfolg wurden. Diese Tage waren schon ein Vorgeschmack darauf, wie die Reise werden würde. Hattet ihr schon mal Muskelkater in den Wangen? Ich ja! Und zwar vom vielen Lachen.

Tag X kam völlig unspektakulär daher, doch schon jetzt hatten David und ich nur noch Augen füreinander. Während des gesamten vierzehnstündigen Flugs waren wir damit beschäftigt, einander zu beobachten, ohne dass der andere es bemerkte. Wenn er schlief, betrachtete ich ihn. Ich legte mich sogar mit einem 140 Kilo schweren Amerikaner an, als dieser von seinem Sitz aufstehen wollte, was meinen Indiana Jones unweigerlich geweckt hätte!

Ich riskierte mein Leben, doch die Geschichte ging glimpflich aus.

Mir war bewusst, dass David mich ebenfalls ansah, wann

immer ich die Augen zutat. Schließlich erwischte er mich dabei, wie ich unter halb geschlossenen Lidern hervorlugte, und wir mussten beide lachen. Es war drei Uhr morgens, und die Hälfte der Fluggäste im Jumbo schlief, was der anderen Hälfte wegen des Geschnarches der ersten Hälfte nicht gelang.

Unter den dünnen und eher schäbigen Decken, die die Fluggesellschaften an die Passagiere verteilen, fanden sich unsere Hände. Wir spürten beide die elektrische Spannung zwischen uns, die bewirkte, dass wir für den Rest des Fluges förmlich aneinanderklebten, bis nach der Landung, als der Zollbeamte, entnervt von unserer Langsamkeit, unsere Pässe verlangte.

An der Rezeption unseres Fünf-Sterne-Hotels angekommen, musste ich feststellen, dass David voller Überraschungen steckte. Er sprach – was er mir verschwiegen hatte – fließend Japanisch.

Als er den Rezeptionisten um die Schlüssel bat, erteilte er ihm, ohne dass ich es mitbekam, einen kleinen Sonderauftrag. Dann hielt er mich mit einer lächerlichen kleinen Diskussion darüber, ob wir noch zusammen essen gehen oder uns erst am nächsten Tag wiedersehen sollten, in der Empfangshalle zurück. Ich verstand nicht, was in ihn gefahren war. Dabei wollte er nur Zeit für seine »Mission« gewinnen. Als ich endlich an meinem Zimmer ankam und die Tür öffnete, wäre ich beinahe rückwärts umgefallen. Mein Begleiter hatte dafür gesorgt, dass Blütenblätter vom Eingang bis zum Bett gestreut waren.

Ich war mir nicht sicher, ob das eine freundliche Geste oder eine indirekte Aufforderung war. Dann beschloss ich, dass ich alt genug war, um mit einer solchen Situation offen umzugehen, *und ihn einfach fragen würde. Ich wollte nicht, dass das Ganze wie meine vorherigen Beziehungen an nicht gesagten Worten und nicht getauschten Küssen scheiterte!*

Der Knabe schien perfekt. Vielversprechend. Und wir standen am Anfang unseres asiatischen Abenteuers, das das Abenteuer unseres Lebens werden könnte. Wer weiß: Vielleicht begann unser gemeinsamer Weg hier, in diesem Hotelzimmer, mit Tokio zu unseren Füßen! Wohin würde er uns wohl von hier aus führen?

Ich machte mich schön, so gut es auf die Schnelle ging: das schwarze Kleid, das mir bisher stets Glück gebracht und nie seine Wirkung verfehlt hatte, ein paar Spritzer Parfüm und einen schwarzen Lidstrich über den Augen, der sie länglich erscheinen ließ, eine kleine Hommage an unsere freundlichen Gastgeber. Dazu noch schwindelerregend hohe Absätze und Ethno-Ohrringe.

Als ich meine Zimmertür öffnete, stand er schon davor. Bereit, mit mir überall hinzugehen. Wie ein romantischer Ritter würde er mich durch die dunkle Nacht eines fernen, mythischen Königreichs geleiten. Als er vor der Aufzugtür beiseitetrat, um mich vorzulassen, kam ich mir vor wie eine Prinzessin. Nur David verstand es, dieses ganz besondere Gefühl in mir zu wecken: das Gefühl, dass nichts und niemand wichtiger war als ich.

Als wir auf die Straße hinaustraten, geschah das Unvermeidliche: Wir sahen einander in die Augen und küssten uns. Es war ein sanfter Kuss voller Versprechungen, die sich nie erfüllen würden. Aber das war auch eine von Davids Gaben:

Er war ein geschickter Taschenspieler, der vorgab, ein besseres Blatt zu haben, als er tatsächlich besaß.

Diese Nacht war etwas ganz Besonderes, und die nachfolgenden Nächte auch. Und was soll ich erst über die Tage sagen? Unsere Reisepässe qualmten: Japan, Indien, China, Bangladesch. Und unsere Füße ebenfalls, denn wir klapperten Tempel und Festungen, Reisfelder und Fabriken ab, stiegen auf Berge und badeten im Mondlicht an einsamen Stränden. In einem Dorf irgendwo im tiefsten China gerieten wir in einen Platzregen, und im Menschengewimmel von Delhi gingen wir verloren. Wir aßen Süßes und Scharfes, Saures und Bitteres, und verdarben uns doch nie den Magen dabei.

Manchmal, wenn ich aufwachte, wagte ich kaum die Augen aufzuschlagen. Ich hatte Angst, dass all das, was ich erlebte, nichts weiter war als ein tiefer Traum und dass David beim Erwachen verschwunden wäre.

Doch während der gesamten Reise enttäuschte er mich kein einziges Mal: Immer war er da. Warum sollte das nicht so weitergehen, wenn wir erst wieder zu Hause waren?

Die Vorstellung gefiel mir. Allmählich gewöhnte ich mich an seine körperliche Nähe, an seine ansteckende Fröhlichkeit, an seine fast kindliche Neugier. Für diesen unwiderstehlichen Journalisten war alles Spiel und Spaß. Es war, als ob er nicht durchs Leben ginge, sondern schwebte. Nicht ein einziges Mal erlebte ich, dass er laut wurde oder sich beschwerte, obwohl wir einmal einen Inlandsflug verpassten und ein anderes Mal zwei Stunden in glühender Sonne Schlange stehen mussten, um eine Flasche Wasser zu erstehen.

Wer hätte nicht gerne jemanden wie ihn an seiner Seite, und zwar für immer?

Bevor ich in den Flieger nach Asien gestiegen war, hatte ich meiner Familie und meinen Freundinnen angekündigt, einen Blog mit Fotos anzulegen, damit sie mein Abenteuer verfolgen konnten. Doch schon am dritten Tag beschloss ich, den Blog abzubrechen. Was wir erlebten, war weder die Recherche für eine Zeitungsreportage noch eine Geschäftsreise. Es glich eher einem kitschigen Fortsetzungsroman – fernöstliche Variante. Wenn ich schrieb, blieben meine Finger förmlich an den Tasten kleben, so zuckersüß waren meine Posts.

Aber alles Schöne geht einmal zu Ende, wie man weiß. Drei Wochen später traten wir den gefürchteten Rückflug an.

Blutenden Herzens nahmen wir Abschied von den tiefgrünen Landschaften, den wunderbaren Gesprächen unter Bambusdächern, während draußen die Welt im Regen versank, von den Menschen, die uns wie Freunde fürs Leben erschienen, obwohl wir nur ein paar Stunden miteinander verbracht hatten.

Ich habe von dieser Reise noch Dutzende Fotos von Gesichtern. Zwar erinnere ich mich weder, wie die Leute hießen, noch, wo sie wohnten, aber trotzdem bringe ich es nicht übers Herz, sie wegzuwerfen: David und ich haben einen Moment unseres Lebens mit ihnen geteilt und sie mit uns … Ist es diese Erinnerung nicht wert, dass ich sie in einem Pappkarton aufbewahre, zusammen mit Davids Reportage?

Allerdings ahnte ich nicht, dass noch mehr als unsere Asienreise zu Ende ging. Ich hatte mir vorgestellt, dass wir noch viele Kilometer gemeinsam zurücklegen würden: von sei-

ner Redaktion zu meinem Atelier, von unserem Park zum Supermarkt, von seinen Eltern zu meinen.

Als ich David das sagte, war es, als wäre ihm plötzlich der Sprit ausgegangen. Nicht einmal die fünfzehn Kilometer vom Flughafen bis nach Barcelona legten wir mehr gemeinsam zurück.

Bevor ich diesen folgenschweren Fehler beging, hatten wir allerdings noch einen vierzehnstündigen Rückflug miteinander. Stunden in trauter Zweisamkeit und ohne Zeugen, nachdem wir erst mal die Stewardessen mit ihren Erdnüssen losgeworden waren. Glücklich kuschelten wir uns in unsere Sitze und sahen eine ganze Reihe passender Filme: Pretty Woman, E-Mail für dich, Schlaflos in Seattle und, sofern uns zwischen unseren Küssen genügend Zeit blieb, Frühstück bei Tiffany's. Wie könnte ich Audrey jemals vergessen?

Und dann machte ich am Ende des dritten Films, als schon die Lichter Barcelonas zu sehen waren, einen Anfängerfehler. Immer wieder stolpere ich, ohne etwas daraus zu lernen: Immer wieder falle ich in dieselben Abgründe. Ich tat meine innersten Träume kund. Und dabei kann ich nicht einmal behaupten, der billige Wein sei schuld gewesen – wir bekamen nur ununterbrochen Tomatensaft serviert – oder ich hätte im Schlaf geredet. Ich war hellwach, eng an meinen Liebsten geschmiegt, spürte jede seiner Liebkosungen und lauschte seinen zärtlichen Worten.

Aus meinem Mund kamen Geigenklänge und Glockengeläut. Ich sprach von Hochzeit. Von einer Hochzeit ganz in Weiß! Ich schilderte sie ihm in allen Einzelheiten, von dem Walzer, den wir tanzen würden, bis zur Sitzordnung. Dass *wir seinen Hund im Partnerlook mit ihm kleiden würden und wie der Tischschmuck aussehen sollte. Nicht genug damit: Anstatt zu merken, wie sein Nacken sich zunehmend versteifte, anstatt zu spüren, dass irgendetwas schieflief, redete ich minutenlang weiter, über Kinder, Sonntagsmahlzeiten im Familienkreis, Bausparverträge …*

Und der Todesstoß war eine Bemerkung, die mir noch heute in den Ohren hallt: »Was hältst du davon, wenn wir gleich nach unserer Ankunft zusammenziehen, wo wir doch jetzt schon die Flitterwochen vor der Hochzeit verlebt haben?«

Ich habe Davids Stimme nie wieder gehört. Und auch nicht sein Lachen.

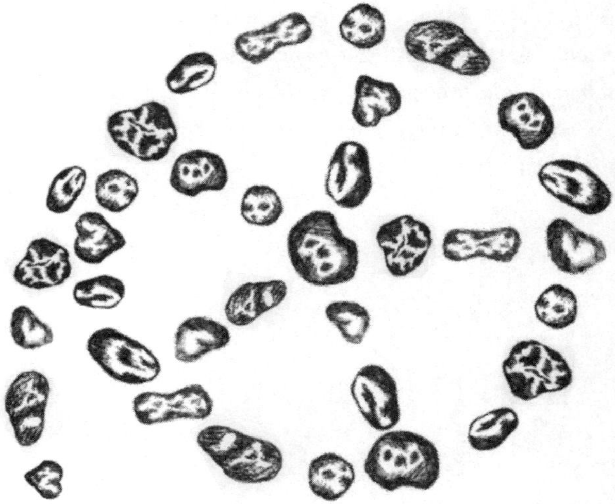

23

WUNSCHDENKEN ZERSTÖRT DIE LIEBE

Nach langem Überlegen kam sie zu dem Schluss, dass das Rad mit dem Wurmfortsatz nichts anderes sein konnte als eine Filmrolle.

Dieses Mal brauchte sie den Einsiedler nicht, um das Orakel zu deuten, denn es war offensichtlich: Sie hatte sich mit David wie in einem Film gefühlt und den Fehler gemacht, ihm diesen Film zu erzählen.

Männer bekommen kalte Füße, wenn man gleich zu Beginn der Beziehung Zukunftspläne schmiedet. Sie hassen sentimentale Trailer.

Damit war schon alles gesagt. Sie hätte warten müssen, bis dieser Film ganz von allein ablief, Szene um Szene, alles zu seiner Zeit. Hätte sie David nicht ihre Wunschträume anvertraut, könnte sie vielleicht heute noch das Vergnügen seiner Gesellschaft genießen.

»Jetzt ist es sowieso zu spät«, dachte sie, während sie auf der Suche nach ein wenig Sonne und frischer Luft die Höhle verließ.

Draußen sah sie Jonás mit seinem Frühstückskorb den Pfad vom Gipfel herabkommen. Er begrüßte sie mit einem fröhlichen, jungenhaften Winken.

Plötzlich überkam Alexis eine Art vorzeitige Sehnsucht. Sie wusste, dass sie nur noch eine Geschichte zu berichten hatte, den traurigen Abschluss ihres Liebeslebens. Die würde sie den Fischen erzählen, dann würde sie für den Rest des Tages in ihrer Hütte sitzen und Tee trinken und am nächsten Morgen das siebte Orakel erhalten.

Danach wäre alles vorbei, und ihr würde nichts anderes übrig bleiben, als nach Hause zurückzukehren.

Bekümmert dachte sie daran, dass der nächste Tag noch dazu ihr siebenunddreißigster Geburtstag war.

»Stimmt etwas nicht?«, fragte der Einsiedler, während er es sich auf einem Felsen am Höhleneingang gemütlich machte. »Wenn du Hilfe bei der Deutung brauchst, weißt du ja, dass …«

Alexis unterbrach ihn: »Kann man Sehnsucht

nach etwas haben, obwohl man es noch nicht verloren hat?«

»Natürlich«, antwortete Jonás, plötzlich ernst. »Das ist genau das, was uns mit dem Leben selbst passiert.«

24

NEUES STYLING, NEUES GLÜCK

Bevor ich hier an diesem seltsamen Ort landete, bin ich mit einer Visitenkarte durchs Leben gegangen, auf der in etwa zu lesen stand: »Alexis Díaz. Von Beruf naiv. Spezialistin für Liebespannen. Stets zu Ihrer Verfügung.« Und diese Visitenkarte habe ich an jeden x-Beliebigen verteilt.

Es kommt mir vor, als wäre in meiner Brust ein Fenster, das jedem, der vorbeikommt, einen Blick auf mein Herz gewährt. Man braucht nur zwei Minuten stehen zu bleiben, und schon sieht man seine Einsamkeit, seine Schwachstellen, aber auch die anderen Stellen, an denen das Blut besonders heftig pulsiert. Kommt man noch ein wenig näher, erkennt man jede Narbe, die die Liebe hinterlassen hat.

Einige dieser Narben stammen von oberflächlichen Kratzern, wie die, die der eifersüchtige Motorradkurier, der Schlagzeuger oder der bindungsscheue Teacher *hinterlassen haben. Sie sind gut verheilt, und man muss sehr genau hinsehen, um sie zu erkennen. Sie wurden mir von Leuten verpasst, die in mein Leben traten und wieder verschwanden … Gott sei Dank! Manchmal war ich diejenige, die »Es ist aus!« gerufen und die Tür hinter sich zugeknallt hat, manchmal waren sie es. Mein verletzter Stolz wollte für ein paar Monate, höchstens für ein Jahr gehegt und gepflegt werden. Aber dann war ich geheilt.*

Andere Wunden in meinem Herzen hingegen sind tief, und – warum es leugnen – schlecht verheilt. Wie die Wunde, die Ángel mir geschlagen hat, meine erste Liebe. Seither sind zwanzig Jahre vergangen, und in dieser Zeit habe ich tolle Typen und miese Kerle kennengelernt. Einige haben nur kurz meinen Weg gekreuzt, waren eine Liebe für eine Nacht oder einen Sommer. Bei anderen glaubte ich, wenn auch irrtümlich, wieder einmal den Mann fürs Leben gefunden zu haben. Und doch kehren meine Gedanken, immer wenn mein Leben leer ist, wenn ich dasitze und auf den nächsten Zug warte, zu meinem Schulfreund zurück.

Hinterlässt die erste Liebe tatsächlich, wie es heißt, eine unauslöschliche Spur?

Aber die Wunde, die augenblicklich am heftigsten blutet, aus der das Blut nur so herausschießt, ist die Wunde, die ich Ramón zu verdanken habe. Es macht mich wütend, dass man so sehr blutet für jemanden, der es so wenig verdient, aber so ist das nun mal mit den Widersprüchen der Liebe. Zurzeit bin ich dabei, mich von dieser Liebe – oder besser gesagt: Unliebe – zu erholen.

Es war ein weiterer Reinfall. Der siebte.

Irgendwas stimmt mit mir nicht. Ich habe einfach kein Glück in der Liebe und nichts von dem erreicht, was ich mir wünsche. Beruflichen Erfolg und genug Geld zum Leben, ja, das habe ich. Merkwürdig! Dass man so viel besitzen kann und trotzdem das Gefühl hat, nichts erreicht zu haben.

Bei der Arbeit beneidet man mich. Meine Kollegen finden, dass ich das Vertrauen meiner Chefin nicht verdiene. Die besten Aufträge landen auf meinem Tisch, und meine Meinung zählt bei wichtigen Entscheidungen, die weit über meinen Zuständigkeitsbereich hinausgehen. Und so spüre ich, wie sich der Neid und die Eifersucht meiner Kollegen in meinen Nacken bohren, während ich arbeite. Es fühlt sich an wie eine täglich zehn Stunden dauernde Akupunktursitzung, bei der jede einzelne Nadel mit einem zwar nicht tödlichen, aber schmerzhaften Gift gefüllt ist.

Die anderen glauben, dass ich alles hätte, aber sie sehen nicht den Preis, den ich dafür zahle: Ich stehe der Firma sieben Tage pro Woche rund um die Uhr zur Verfügung und werde dafür von meinen Kollegen gehasst. Und nicht nur das: Ich habe tausendundeine Fortbildung besucht, um immer auf dem neuesten Stand zu sein, und dafür all meine Kraft und wenige Freizeit geopfert.

Fragt man meine Schulfreundinnen Carmen und Esther, bekommt man zu hören, dass ich ein Glückspilz bin, der alles hat. Zum Glück klingt das bei ihnen freundlicher als bei den anderen! Abenteuer, Freiheit, ein wenig Ruhm … Sie beneiden mich um meine Reisen und die Flexibilität bei der Gestaltung meines Arbeitstags. Beide sind verheiratet und haben

Kinder, und so haben sie sich, ohne es zu wollen, mit Ketten behängt, die harmlos wirken, ihnen aber im Alltag die Flügel stutzen: »Jeden Dienstag um fünf mit Luisa zum Logopäden gehen«, »Miguel samstagsvormittags zum Fußball begleiten« oder »Weihnachtsgeschenke für meine Schwiegereltern und Schwägerinnen kaufen«.

Ich meinerseits beneide meine Freundinnen um ihr Familienleben: Ich stelle mir vor, wie sie alle zusammen samstags im Hausanzug glücklich und zufrieden vor dem Fernseher sitzen, Popcorn essen und sich um die Fernbedienung streiten.

Auch meine Eltern und meine Schwestern finden, dass ich vom Glück begünstigt bin. Das zeigt sich ihrer Meinung nach an vier Faktoren: Ich bin gesund – obwohl sich darüber diskutieren ließe –, reich – als ob ich Paris Hilton wäre! –, habe eine Wohnung und den Kleiderschrank voller aufregender Markenklamotten – wie auch nicht! Sie verstehen nicht, dass das für mich Arbeitsmaterial ist wie für den Arzt sein Stethoskop.

Kurz gesagt: In ihren Augen habe ich ebenfalls alles.

Mir ist durchaus bewusst, dass ich das alles besitze. Und ich weiß sehr wohl, dass viele Leute kein einziges Paar Schuhe ihr Eigen nennen und ihnen nicht einmal die Plastiktüte gehört, auf der sie auf der Straße schlafen. Vielleicht empfinde ich deshalb meine Besitztümer eher als Last.

Und was meine Wohnung betrifft ... Die ist für die Tragikomödie in drei Akten überhaupt erst verantwortlich!

Denn nichts anderes war meine Beziehung mit Ramón, die nur aus Einleitung, Verwicklung und Auflösung bestand. Un-

sere Geschichte wäre eine tolle Übung für einen Creative-Writing-Kurs: Zwei Figuren auf der Bühne, aber fünf hinter den Kulissen. Drei Räume. Eine lineare Entwicklung.

Nach meiner Blitzbeziehung mit David beschloss ich, dass es nun für mich hieß »Erneuere dich oder stirb«.

Wenn man an den Gegebenheiten nichts ändern kann, sollte man sich einen Spaß daraus machen, kleinere Dinge zu verändern. Ich beschloss, mir als Erstes selbst ein Tuning zu verpassen. Nur so, zum Zeitvertreib. Ich musste irgendetwas tun, mich beschäftigen! In den Wochen der Reisevorbereitung hatten David und ich immer tausend Pläne gehabt. Doch plötzlich war die Hälfte der Aktivitäten aus meinem Terminkalender verschwunden. Da musste rasch eine Lösung her.

Noch dazu begann ich, mich ein bisschen »angestaubt« zu fühlen – zum ersten Mal konkurrierte ich in den Cocktailbars mit Zwanzigjährigen! –, und so war mein Entschluss schnell gefasst.

Es ist erstaunlich, wozu ein guter Stylist, ein Designer und eine Kosmetikerin nach einem Abendessen in meinem Loft mit freiem Sektausschank imstande sind. Ich hatte die drei zu einer Dringlichkeitssitzung mit gutem Catering und guter Musik geladen, damit sie mir bei meinem Problem halfen.

Kaum waren die drei Schicksalsfeen bei mir eingetroffen, eröffnete ich ihnen ihre Mission: Sie sollten mich verwandeln, und zwar von den Zehenspitzen bis hin zu der Aura, die mich umgab. Geld und Mühe spielten keine Rolle. Alles wurde in Erwägung gezogen: Diät, Fitnessstudio, Nahkampf gegen den Winterspeck, Abstecher nach London und Mailand …

Wir machten uns unverzüglich ans Werk. An diesem ersten Abend steckten wir den allgemeinen Rahmen ab und gingen mit Feuereifer an die Kreation eines neuen Produkts: ich selbst. Wenn ich mir eine neue Haarfarbe zulegte, Stunde um Stunde mit einem persönlichen Fitnesscoach Muskelmasse an Stellen aufbaute, von denen ich gar nicht gewusst hatte, dass ich dort überhaupt Muskeln besaß, und anfing, Russisch zu lernen … wie konnte ich dann noch in meiner Jungmädchenbude wohnen bleiben?

Wehen Herzens verabschiedete ich mich also von meinem wunderschönen Loft in der alten Fabrik und suchte mir Räumlichkeiten, die zu der neuen Alexis passten, von der ich träumte. Mit dreiunddreißig Jahren, einer erfolgreichen beruflichen Laufbahn und genug Geld auf der Bank war der Augenblick gekommen, mir eine Wohnung zu kaufen.

So machte ich mich denn auf die Suche. Ich studierte so viele Zeitungen und Webseiten, notierte mir alles, was nach einem Schnäppchen klang, dass ich mir inzwischen zum Spaß immer noch Wohnungen ansehe, obwohl es gar nicht mehr nötig ist.

Denn ich hatte Glück: Schon nach kurzer Zeit ergab sich eine wunderbare Planetenkonstellation aus dem, was mir gefiel, und dem, was ich mir leisten konnte. Mein neues Paradies war ein kleines, aber lichtdurchflutetes Appartement. Und das Beste daran war der Schlüssel zu einer riesigen Dachterrasse ganz für mich allein! Perfekt für einen Single wie mich.

Als typische Vertreterin meiner Gattung – Großstädterin Mitte dreißig – tat ich gleich nach Unterzeichnung des Kauf-

vertrags, was getan werden musste: Ich fuhr zum nächstgelegenen IKEA, um den idealen Esstisch oder den einzigartigen Sitzsack zu ergattern, den außer mir nur noch 300 000 Bewohner dieses Planeten ihr Eigen nennen.

Hätte ich gewusst, was mich in jenem Dschungel des preiswerten Designs erwartete, hätte ich das Jagdgewehr meines Vaters mitgenommen. Damit hätte ich mir eine Enttäuschung, einen Haufen Verdruss und ein paar Beleidigungen erspart.

In meiner Unschuld bewaffnete ich mich für meinen IKEA-Besuch aber nur mit einem schwarzen Minirock, einem enganliegenden Kaschmirpullover und einem Paar Schuhe mit einer diskreten Absatzhöhe. Dabei hätte ich eigentlich einen Tropenhelm gebraucht, um zu verhindern, dass die grellen Leuchten der Ausstellungsräume mein Gehirn überhitzten, einen Feldstecher, um die Geier schon von Weitem zu erspähen, und Turnschuhe, um schnell weglaufen zu können.

Bei IKEA, in Gang Nr. 13 vor dem Kerzenregal, lauerte der nächste Reinfall auf mich. Mein bisher letzter. Ich hätte es wittern müssen, aber meine Sinne waren vernebelt vom Vanille-, Zimt-, Passionsfrucht- und Lavendelduft.

Mein Einkaufswagen quoll über von vier Stühlen, einem Schränkchen, einem Nachttisch und einem Topfset. Eine meiner Schwestern und ihr Mann waren mit der ersten Ladung – einem Bett, einem Satz Handtücher und Bettlaken, zwei Lampen und einem kompletten Geschirrservice – schon mal nach Hause gefahren. Eigentlich passte nicht einmal mehr ein Zahnstocher in den Wagen, aber ich konnte nicht an Gang Nr. 13 vorübergehen, ohne ein paar Kerzen für die Abendessen zu erstehen, die ich im Geiste schon auf meiner Dachterrasse veranstaltete.

Zunächst steckte ich zwei, drei Päckchen in eine Papiertüte und wollte gehen. Dann zögerte ich. Welche der Kerzen würde am besten riechen, wenn sie erst einmal brannten? Ehe ich mich's versah, hatte ich die Tüte vollgestopft mit kleinen, mittleren und großen Kerzen aller nur erdenklichen Farben und Duftnoten – ich würde schon irgendwann mal für sie Verwendung finden.

So schob ich den Einkaufswagen mit der Hüfte in Richtung Kasse, als auf halbem Wege das Unvermeidliche geschah. Die Tüte riss. Eine Sturzflut bunter Päckchen ergoss sich über den Boden, in dem ich am liebsten versunken wäre.

Als ich mich bückte, um die Kerzen einzusammeln, sah ich einen gewaltigen Fuß aus Gang 13, den ich soeben verlassen hatte, geradewegs auf mich zukommen. Einen schicksalhaften Fuß in einem untadeligen bordeauxroten Schuh von Sebago. Fünf Sekunden später sah ich, dass zu dem mächtigen Schuh und seinem Zwilling zwei große, schöne Hände gehörten, die sich daran machten, die Kerzen aufzuheben.

Weitere fünf Sekunden später entdeckte ich den Besitzer der Füße und Hände: einen sportlichen Mann Anfang vierzig mit elegant graumeliertem Haar. Er lächelte mich an und fragte, ob ich die Besitzerin all dieser Hoffnungslichter sei.

Das war der Beginn einer wahrhaft professionellen Verführung.

Nachdem alle meine Päckchen wieder eingesammelt waren, besorgte er mir eine neue Tüte, diesmal aus Plastik, und wir *gingen gemeinsam zur Kasse. Er hatte seine Einkäufe schon erledigt und im Auto verstaut und war nur zurückgekommen, weil er bemerkt hatte, dass eine der neu gekauften Frühstückstassen einen Sprung hatte. Nun wollte er sie umtauschen, aber das konnte er genauso gut an der Kasse tun, an der ich bezahlte.*

Bald redeten wir über Gott und die Welt. Ich konnte kaum glauben, dass wir uns auf Anhieb so gut verstanden! Natürlich war ich sicher, dass nur ich so empfand. Unmöglich, dass ein stattlicher Mann wie er mich interessant finden könnte. Und dass er mir half, die Einkäufe in mein Auto zu laden, hieß noch lange nicht, dass er sich auch in mich verlieben würde.

Draußen regnete es, und so fragte er mich, ob wir nicht in der Cafeteria von IKEA etwas trinken wollten, während wir warteten, dass der Regen nachließ. So erfuhr ich, dass er Unternehmer war und zweimal im Monat beruflich in die USA flog, wo die Mehrzahl seiner Kunden lebte. Er hatte mit einem Stipendium, das ihm aufgrund seiner sportlichen Leistungen verliehen worden war, in Stanford studiert. Nach seinem Examen hatte er noch einen Master in BWL gemacht.

Dann hatte er mit ein paar Freunden in der Dachwohnung, in der zwei von ihnen lebten, ein Startup-Unternehmen gegründet. Der amerikanische Traum! Ein Selfmade-Man. Bald hatten sie die ersten Kunden aus der Nahrungsmittelindustrie gewonnen und angefangen, Geld zu machen. Aber dieses Leben befriedigte ihn nicht. Es war zu oberflächlich und flüchtig.

Wir sprachen über mühelos errungenen Erfolg, das Fast-Food-Leben, den ständigen Wandel und wie sehr ihn das alles letztendlich aufgerieben hatte. Schließlich hatte er seine Koffer gepackt und war nach Hause zurückgekehrt.

Hier hatte er sich mit seinen in den USA erworbenen Kenntnissen und Kontakten bald ein Geschäft aufgebaut, irgendwas mit den Barcodes von Produkten. Das war nun vier Jahre her, und inzwischen hatte er über fünfzig Angestellte, die meisten in den Vereinigten Staaten.

Er sagte, er sei ein Mann, der jede Gelegenheit nutze.

Das hätte mich stutzig machen sollen, aber ich war zu abgelenkt von seinem Reklamelächeln und dem Anblick seiner Arme, die aussahen, als könnten sie einen wunderbar umfassen.

Ramón, der nur über sich selbst reden konnte, verriet sich durch seine eigenen Worte.

Wir dehnten das Kaffeetrinken so lange wie möglich aus, bis ein Chor von IKEA-Angestellten, bedrohlich blau-gelben Wesen, wiederholt einstimmig darauf hinwies, dass das Möbelhaus nun schloss. Die Zeit war wie im Flug vergangen.

Wir gingen zum Parkhaus. Er begleitete mich bis zu meinem Wagen und öffnete mir die Tür. Beim Abschiedsküsschen streiften seine Lippen absichtlich die meinen. Er fragte mich, ob er meine Telefonnummer haben dürfe und ob wir uns einmal wiedersehen könnten.

Dann stiegen wir in unsere Autos, die zufällig nebeneinanderstanden. Wenn das kein Wink des Schicksals war! Er fuhr einen riesigen schwarzen Audi. Durch die Autoscheiben konnte ich tausend Tüten in seinem Kofferraum und auf dem Rücksitz erkennen. Ob er wie ich erst kürzlich umgezogen war?

Wozu brauchte ein alleinstehender Mann so viele Dinge?, fragte ich mich, während ich den Wagen anließ. Der Selfmade-Man ließ mir die Vorfahrt. Ich fuhr die Rampe hinauf, und als ich an der ersten Ampel hielt, klingelte mein Handy.

Ich dachte, es sei meine Schwester oder meine Chefin, also nahm ich den Anruf nicht entgegen. Ich hatte das Gefühl, umgeben von Seufzern inmitten einer Wolke über den Asphalt zu schweben.

Aber das Telefon klingelte hartnäckig weiter. Es musste etwas passiert sein, schloss ich erschrocken und nahm ab.

Und da war wieder seine Stimme. Nicht einmal zehn Minuten waren seit unserem Abschied vergangen, und schon vermisste er mich, wie er mir gestand. Dieser gutaussehende, höfliche, sympathische und erfolgreiche Mann war verrückt nach mir.

Das musste ein Traum sein.

Ich weiß noch, dass er sagte: »Du hältst mich jetzt wahrscheinlich für verrückt, aber ich ertrage den Gedanken nicht, dich erst in ein paar Tagen zu sehen. Ich verspreche dir, ich bin weder ein Irrer noch ein Serienmörder. Vertrau mir. Was meinst du: Wollen wir heute Abend zusammen ins Kino gehen?«

Wir verabredeten uns für drei Stunden später am Eingang eines Kinos in einem großen Einkaufszentrum am Stadtrand.

Die nächsten einhundertachtzig Minuten erlebte ich eine emotionale Berg- und Talfahrt. Ich dachte an seine sanfte und zugleich feste Stimme und weigerte mich, Böses zu glauben. Im Gegenteil, ich hatte das Gefühl, dass mir etwas Wunderbares widerfuhr. Und ich hatte es verdient, etwas Schönes zu erleben.

Ich hatte so lange danach gesucht … Das Schicksal überrascht uns immer wieder, sagte ich mir. Es führt uns auf unbekannte Wege. Das hier war meine Chance.

Meine Vorbereitungen dauerten ewig, schließlich wollte ich ihn bei unserem ersten Date nicht enttäuschen. Er sollte nicht glauben, dass der erste Eindruck, den er in der IKEA-Cafeteria von mir gehabt hatte, falsch gewesen sei. Natürlich hatte ich ihm gefallen, warum hätte er mich sonst angerufen? Offenbar mochte er Röcke, also zog ich wieder einen Minirock an, diesmal einen etwas gewagteren. Er war kürzer als der andere und aus einem Stoff, der meine Figur betonte.

Und weil ich mich so mutig fühlte, entschied ich mich für eine eng anliegende schwarze Bluse mit strategisch verteilten Spitzen und Abendschuhe mit sieben Zentimeter hohen Absätzen. Den Farbtupfer brachte ein exotischer Schal, den ich verführerisch um meine Schultern drapierte. Ein paar Tropfen Parfüm, keine Schminke.

Es war ein voller Erfolg. Tatsächlich schafften wir es nicht einmal bis ins Kino. Kaum hatte er mich am Eingang gesehen, nahm er wortlos meine Hand und führte mich zum Parkplatz. Wir gingen zu seinem Auto, und er öffnete mir die Beifahrertür.

Noch bevor ich einstieg, machte er mir klar, was im Auto passieren würde. Er presste sich an meinen Rücken, hob meine Haare an und begann, meinen Nacken zu küssen. Meine Brustwarzen wurden hart, bis ich dachte, sie würden durch den BH stoßen. Und es war klar, dass sie nicht das Einzige waren, das kurz vor der Explosion stand.

Es war unglaublich. Von all den Malen, die ich Sex außerhalb des Bettes hatte, war dies das wildeste. Mein Liebhaber war wie ein brünstiges Tier, hungrig nach meinem Körper. Seine Zunge erforschte mich überall ausgiebig, und auch seine Hände hielten, was sie versprochen hatten; sanft und besitzergreifend zugleich, wussten sie ganz genau, wo sie mich berühren mussten.

An Erfahrung fehlte es ihm jedenfalls nicht.

Nachdem wir keuchend zum Ende gekommen waren, beging ich eine typisch weibliche Dummheit. Ich wollte mich vergewissern, dass ich auch nach diesem Autosexmarathon noch tadellos aussah, und so klappte ich die Blende herunter, um mich im Schminkspiegel zu betrachten ... und sah, dass dort ein Foto klemmte.

So wie manche Taxifahrer das Bild einer Muttergottes oder eines Heiligen im Auto hängen haben, trug Ramón das Foto einer glücklich lächelnden Familie bei sich. Auf dem Schnappschuss waren ein Papa und eine Mama zu sehen, die sich innig umarmten, umgeben von ihren vier Sprösslingen. Alle vier waren dem Vater wie aus dem Gesicht geschnitten.

Langsam, ganz langsam drehte ich mich um und sah ihm ins Gesicht. Eine Erklärung war nicht nötig. Er hatte mich benutzt wie eine Hure, die man nimmt und anschließend wegwirft.

Während ich meine Strümpfe anzog, unternahm er noch den kläglichen Versuch, mir weiszumachen, dass seine Ehe todunglücklich und seine Kinder eine Plage seien und ich nicht verstehen könne ... Er bat mich, jetzt, da ich sein Geheimnis kannte, könnten wir doch eine Beziehung haben, wir würden ja sehen, wohin das führen würde, er jedenfalls ...

Ich glaube, ich habe ihn angespuckt. Aber vielleicht habe ich mir auch nur gewünscht, es zu tun.

Dann stieg ich aus dem Wagen und stürmte wütend aus dem Parkhaus. Oben angekommen, fiel mir nichts Besseres ein, als ins Kino zu gehen. Ich setzte mich in die erste Reihe und brach in Tränen aus. Ich weinte so sehr, dass der Platzanweiser mir besorgt ein Päckchen Taschentücher brachte. Kein Wunder, dass er besorgt war: Ich war in einer Vorstellung von Kung Fu Panda 2. *Ich bin bestimmt die einzige Zuschauerin, die bei diesem Film jemals geweint hat, aber ich weinte nicht um den verdammten kleinen Panda.*

Ich weinte um mich. Wie tief war ich gesunken?

Ich erkannte mich selbst nicht wieder. Weder die neue Frisur noch der Umzug hatten einen neuen Menschen aus mir gemacht. Ich war immer noch die Gleiche: eine verzweifelte Alexis auf der Suche nach einem Mann, den sie lieben konnte. Verzweifelt und dämlich. So dämlich, dass ich mein Herz und meinen Körper dem Erstbesten geschenkt hatte, der mir über den Weg lief. Ohne auch nur eine Minute nachzudenken.

Diese Lektion hatte ich verdient. Und so beschloss ich in diesem Augenblick: Die Liebe und ich waren unvereinbar. So weit war es gekommen. O du Welt im Allgemeinen und ihr Männer im Besonderen: Ich habe mein Herz abgeschlossen und den Schlüssel in den Tiefen des Ozeans versenkt.

Seither habe ich drei Jahre lang wie eine Nonne gelebt. Bis jetzt.

25

DIE BLINDHEIT DES GEBROCHENEN HERZENS

Beeindruckt beugte sich Jonás über das Herz, das aussah wie von einem Blitz in zwei Teile gespalten. Alexis an seiner Seite betrachtete es mit verdrossener Miene. Der Anblick bewegte sie, auch wenn sie noch nicht so recht wusste, warum.

»So sieht mein Herz aus, das ist wahr«, gestand sie bitter. »Aber das ist kein Orakel, sondern ein Konstatieren von Tatsachen. Das Ergebnis all meiner Irrtümer, wenn man so will.«

»Gestatte mir, deine Deutung zu berichtigen. Was das Orakel sagen will, ist, dass ein gebrochenes Herz niemals die richtigen Entscheidungen treffen kann. Man muss warten, bis es genesen ist, der Bruch muss heilen, bevor man weiterspielt.«

Alexis lauschte seinen Worten mit plötzlichem Interesse.

»Du meinst, ich bin nur deshalb gescheitert, weil mein Herz nicht richtig verheilt war?«

»So ungefähr. Wenn uns jemand das Herz bricht, suchen wir meistens schnell nach einem Notfallpflaster. Und unter diesen Umständen ist es nur allzu wahrscheinlich, dass wir eine schlechte Wahl treffen. Eile ist kein guter Ratgeber, weder in der Liebe noch sonst irgendwo. So wie ein Sportler nach einer Verletzung erst wieder anfängt zu trainieren, wenn der Knochen oder der Muskel wieder in Ordnung sind, müssen auch wir, wenn wir tief in unserem Innersten verletzt wurden, darauf warten, dass der Bruch verheilt. Erst wenn wir völlig frei von Groll und Angst sind, können wir wieder lieben.«

»Das ist leichter gesagt als getan. Wie setzt man ein gebrochenes Herz wieder zusammen?«, fragte sie, während sie auf den Grund des Teiches starrte.

»Natürlich nicht so schnell, wie ich das jetzt hier zustande bringe.«

Zu Alexis' Erstaunen zog sich der Einsiedler, kaum dass er das gesagt hatte, nackt aus und sprang ins eisige Wasser, wie sie es am Morgen zuvor getan hatte.

Sie verstand nicht, was er ihr damit zeigen wollte, bis sie sah, wie Jonás geschickt zum Grund des

Teiches tauchte. Ohne an die Oberfläche zurückzukommen und noch einmal Luft zu holen, setzte er mit ein paar raschen Bewegungen das steinerne Herz wieder zusammen.

Alexis war verblüfft. In diesem Augenblick verstand sie, dass es nicht die Fische gewesen waren, sondern der Einsiedler, der jede Nacht das passende Symbol gelegt hatte.

Und sie verstand, dass Jonás alle ihre Erzählungen mitangehört hatte. Als er aus dem Wasser stieg, wie Gott ihn geschaffen hatte, sagte er, während er nach seinen Kleidern griff:

»Das, was ich da eben gemacht habe, ist einfach. Man muss nur tauchen können. Jetzt liegt es an dir, in dich hineinzutauchen, um dein gebrochenes Herz zu heilen. Das ist eine Arbeit, die nur du vollbringen kannst, aber ich kann dir einen sehr nützlichen Rat geben: Verzeihe allen, die dir willentlich oder unwillentlich wehgetan haben. Und vergiss nicht, mit deinen eigenen Fehlern nachsichtig zu sein. Schlag endlich die Seite um. Nichts ist dem Heilungsprozess zuträglicher, als zu verzeihen.«

26
EPILOG

VON: ÁNGEL M. C.
AN: ALEXIS
BETREFF: EIN GEIST AUS DER VERGANGENHEIT

Meine liebe Freundin,

obwohl unsere letzte Begegnung nun schon zwanzig Jahre zurückliegt, hoffe ich, Dich immer noch so nennen zu dürfen.

Bitte erschrick nicht, wenn ich Dir sage, dass seit jenem Sommer, in dem meine Eltern die schlechte Idee hatten wegzuziehen, kein Tag vergangen ist, an dem ich nicht an Dich gedacht hätte.

Um die Sache noch schlimmer zu machen, brannte in jenem Juli durch einen Kurzschluss unser Ferienhaus nieder, sodass mein Vater beschloss, mit der Familie früher als geplant nach Südfrankreich zu gehen, wo ihm eine interessante Arbeit angeboten worden war.

Der Neuanfang fiel mir schwer: Ich kannte niemanden, hatte Schwierigkeiten mit der neuen Sprache und andere Probleme, und so kam es, dass ich in den ersten Monaten keine Gelegenheit fand, Dir zu schreiben. Später war es mir dann peinlich, weil schon so viel Zeit vergangen war und ich befürchtete, Du hättest mich vergessen.

Eine ehemalige Klassenkameradin, die mich auf Facebook gefunden hat, hat mir Deine Adresse gegeben, und ich habe Dir sofort geschrieben.

Seit jenem Nachmittag im Kino, als Du meine Hand nahmst, habe ich nichts mehr von Dir gehört. Seither habe ich Vieles erlebt, aber nichts, was mich so sehr berührt hätte. Die Erinnerung an den Kontakt Deiner Haut hat mich bis zum heutigen Tag begleitet.

Die ganzen letzten Jahre habe ich eigentlich nur gearbeitet wie verrückt und sonst nichts Vernünftiges zustande gebracht. Na ja, eine Sache schon: Vor ein paar Monaten bin ich wieder nach Barcelona gezogen.

Und Du? Wie ist es Dir ergangen?

Ángel, der Dich sehr mag und nie vergessen hat.

PS: Hättest Du Lust, noch einmal mit mir ins Kino zu gehen?

VON: ALEXIS
AN: ÁNGEL M. C.
BETREFF: FANGEN WIR VON HINTEN AN

Mein lieber Freund,

natürlich darfst Du mich weiterhin so nennen. Ich habe Dich in all den Jahren ebenso wenig vergessen.

Ich habe Dir so viel zu erzählen, dass ich Dir erst mal nur kurz mein jüngstes Abenteuer berichten will. Ich bin gerade von einem Ort hoch oben in der Sierra Morena zurückgekommen. Meine Freundinnen Carmen und Esther haben mir gemeinsam mit meiner Chefin zum Geburtstag eine Therapiereise (ich weiß, das klingt seltsam) zu einer Schutzhütte geschenkt. Dort erwartete mich ein Guru, der mich glauben machte, die Fische in einem nahe gelegenen Teich würden die Kieselsteine am Grund des Wassers zu Botschaften anordnen.

Wenn Du das hier liest, wirst Du denken, ich sei im Alter verrückt geworden. Aber ich habe eine Woche unvergesslicher Erfahrungen hinter mir, wenn ich auch anfangs dachte, ich sei entführt worden oder so.

Nach meiner Rückkehr habe ich als Erstes meine E-Mails gecheckt und … Bingo! Da war Deine Mail.

Ich bin froh, dass Du wieder da bist.
Liebe Grüße,
Alexis

P. S.: Ich gehe gerne mit Dir ins Kino, solange wir nicht Indiana Jones sehen! ☺

DANKSAGUNG

Ich möchte folgenden Personen danken:

Rebeca García, meiner Verlegerin, dafür, dass sie sich für dieses Buch eingesetzt hat.

Ángeles Doñate für ihre wunderbaren Ratschläge zu dieser Fabel.

Esther Sanz, die nicht nur eine großartige Schriftstellerin, sondern auch eine Herzensfreundin ist.

Und schließlich Sandra Bruna, einer Agentin mit großem Herzen und noch größerem Verstand.